大人的幸福學

The Happiness Curve

Why Life Gets Better After 50

蓄積能量，
找回由谷底反彈的快樂，
走出上揚的幸福曲線

Jonathan Rauch 強納森・勞赫——著　汪春沂——譯

contents

第三章——是「中年低潮」，不是「中年危機」

第四章——年齡決定幸福指數

第五章——幸福的陷阱

第六章——破除厭老與恐老的迷思

第七章——熟年的智慧，讓人自由線谷底反彈

推薦序

意外退休後的生活更精彩

【媧人的好日子】部落格及臉書專頁版主、
【媧人的中年人咖啡館】臉書社團版主　**媧人**

中年的低潮都是發生在發展碰壁的人身上？不，本書作者分享自己的故事，明明是耶魯畢業的高材生，又是出色的記者，這樣的人生勝利組，也可能中年的時候感到沒來由的失落。

為什麼？因為在中年人生正豐收的時候，卻由於不滿足，老是和朋友、親人、同事做比較，當擁有之後卻想要再有更多，於是像是站上全年不停歇的「享樂跑步機」，一直要往前跑，才會感受到新的快樂。

日久，於是認知到期待與現實的落差，於是感到疲累。因為不滿足，陷入了低潮。

作者因為自己的經驗，花了好幾年的時間探索幸福感過了中年低潮之後，反而隨年齡而上揚的U形曲線。

在一些跨國的研究中都發現，中年容易出現幸福感的低點，其實是一種自然的現象。

本書當中有好幾個有趣的實驗，饒富深意。

像是在肯亞進行的一項實驗，驗證了「你的收益就是我的痛苦」，當看到別人發財，其實會引發心中的不滿，這種隱晦的情緒，很少人會跳出來承認，但這原來是人性的一部分，嫉妒與不滿足主宰了我們，讓我們感到痛苦。

那麼，隨著年齡增加，光彩褪色，競爭力衰退，是否會陷入更陰暗的幽谷？相反地，作者卻發現這是幸福感上揚的開始。

為什麼？並不是因為畢生累積的金錢與成就取勝，而是因為歲月淬鍊出智慧，人會降低對自我的期待，並更能懂得滿足與感恩，當能夠駕馭心魔，不再嫉妒別人過得比自己好，幸福感就會來報到。

這也是作者親身的體會。

我的故事又是另一種面向。我在四十九歲高峰期時發生了很多中年人會擔心的職場危機，長年工作累積形成的價值觀，到了人生的第二次青春期，終於走到叛逆出走的終局，算是「類被退休」。

離開職場的當下，我怨懟老天不公平。

但在低潮當中，我也展開了試驗，我想找一件事，不計較結果，就是一直做下去，看看會如何。我想要重新測試老天爺。

我建立了分享退休和中年人議題的部落格，幾年下來，聚集了上萬名中年人追蹤與討論；如同書中所說，在苦難之中，也許有什麼在等著你。

雖然收入不足掛齒，但是，進入人生下半場，我不再用職場的功利心在部落格界競爭，金錢不再是衡量一切的尺度，排名更加沒有必要。

在經歷了父母的離世之後我更有感觸，人到最後什麼也帶不走，因此，爭執是否公平並沒有必要，能改變的，是自己看世界的角度。

我經過了低潮，途中，我擺脫了面子等諸多的包袱。看透這些事之後，我感到更輕鬆自在。

如同本書中的幸福感公式，時間的淬鍊，是感到幸福的一項關鍵因子。

當然，幸福感U形曲線是大量統計的結果，一定也有例外，有少部分比例的人會呈現作者所說的V形曲線，或是L形曲線。

感。

但不管你的人生軌跡如何，相信從這本書中定能找到一些陪伴你度過中年低潮的靈感。

第一章

來到人生中場，這輩子只能這樣了嗎？

兩種中年人生

四十五歲的卡爾是個成功的專業人士，在美國某大城市的一家非營利事業組織工作，有博士文憑和兩個小孩，婚姻雖然不算完美但堪稱幸福。友善、隨和、風度翩翩，中等身材，棕色頭髮的他是那種走在路上不會引人側目的人，除非他戴上偏愛的窄緣紳士帽。大體來說，卡爾是個好人。

他就像大多數的人一樣，研究所畢業後，結束了二十出頭的刺激生活，搬到紐約居住，自由、狂野、充滿活力，是他對那段日子的註解。他整晚在外鬼混，左右逢源地隨意與人上床。

三十多歲時，卡爾變得有責任感。博士班畢業後開始找工作，也結束了和善變、迷人的女友之戀情，雖然分手得很痛苦，但是也代表一個時代的結束。他下個女友理智穩定多了。三十三歲時他在政府機構覓得一個好工作，三十四歲結婚，三十六歲迎來第一個小孩，三十九歲時第二個小孩來報到。

相較於卡爾二十多歲時的輕狂，三十多歲的責任宛如巨變，但是他調整得很好。

「在很長一段時間裡，我不排斥這種責任感，就像成年人做他們該做的事一樣，這還滿有趣的。」他說。

接著他的人生又出現了變化，不過不是外在環境的改變，他的生活還是一樣平順，但就是有些不對勁。對於成年人來說，所有該達成的目標他都做到了，他說：「這些事情對我來說不再那麼令人躍躍欲試。我的人生似乎就是去做一份我越來越無法滿足的工作，和回家換尿布，然後再繼續工作。」

四十歲的卡爾有兩個年幼小孩和一個剛出生不久的寶寶，壓力和責任讓他根本就沒時間陷入所謂的中年危機。

後來，他擔任高階經理人，之後則轉戰非營利組織展開新的職涯。放棄了穩定又高薪的工作是種冒險，但他就是覺得自己需要改變。「換工作對我的問題來說有些幫助，但是坦白說，我真正想做的是獨自飛到歐洲的某個地方待上一陣子。」不過，他當然哪兒都沒去，他不是這種說走就走的人。

卡爾並不憂鬱，至少沒有臨床醫學上所定義的憂鬱症。他還是精神奕奕，身心各方面也都很健康，而且從很多方面來說，他仍懷抱夢想，所以他的狀況應該說是不滿意，也就是「對自己的不滿足感到不滿意」。

為了寫這本書，我發給一些人問卷調查表，詢問他們對目前和之前生活的滿意度。在問卷裡，我要求接受調查者對自己每十年的生活從〇到十進行評分，並以幾句話或幾個詞語來形容自己的每個十年。卡爾描述自己的四十歲階段是用：「困惑」、「追尋」和「恐懼」這幾個詞。

我問他為什麼用「恐懼」，他深吸一口氣後回答，他也覺得自己的種種不滿實在沒道理，如果他現在的生活是糟糕的話還說得通，但他現在幾乎擁有了想要的所有事物。「我是瘋了嗎？要怎樣才能擺脫這個狀況？」他問我。「對像我這樣聰明又成功的A型人來說，這種失落感就像置身於海中，完全不知將要漂向何方，也不知碼頭在哪。」他越說越小聲。

我問卡爾是否考慮接受醫學治療，例如心理治療或者藥物治療。他回答說醫學方式在某些時候是很有幫助，也有其必要方式，但是現在對他並不適合，尤其是他還不需要服藥。我也同意他所說的，我跟他談話時發現，他並沒有任何心理疾病的跡象，所有的心理問題模式都不適合套用在他身上。

「你有對其他人談過這個問題嗎？」

「除了你之外，我跟一個好朋友談過，其他就沒有了。」他停頓了一下回答。

「你太太呢？也沒提過嗎？」

「我不確定她對我說的事能瞭解多少。如果說了，我想少不了會有一場風暴。」他不想引發緊張和混亂。

「朋友呢？」

「我是在賓州出生長大的，我周遭的親友都很謙遜且低調。如果我跟朋友提起我的狀況，會感覺有點自大。他們一定會說，老天啊，你什麼都有了，還在抱怨什麼啊！我認識的一些人，他們的家人得了癌症，中年危機對他們來說就是個笑話，我可不想自討無趣。」

多明尼克比卡爾大個幾歲，今年五十歲，除此之外，兩人有許多共同點。他們之前的工作有點相關，社交圈也有許多重疊，在工作中結識對方，兩人皆是社會菁英，二十幾歲時也都有多采多姿的年輕時光。在鄉下農場出生的多明尼克結婚較早，婚後在世界上兩所最負盛名的學校取得學位，其中一所在海外。之後在國會工作。

多明尼克三十多歲的人生和卡爾一樣，穩定且具責任感，他說這段時期是以目標為導向，但和卡爾不同的是，他做的工作不是他喜歡的。他在壓力極大的商界工作，雖然薪水非常可觀，但是每週需要工作七十小時。「我漸漸覺得眼前的目標，和會令我振奮、覺得有價值的事之間是沒有任何關連的。我工作非常努力，也得心應手，但我就是覺得不快樂。」

多明尼克四十歲之後，事情發展超乎意料之外。他體認到，如果他不接下他不感興趣的案子，就無法升任合夥人。然後他做了和卡爾在四十歲時一樣的決定，跳槽到非營利事業組織。「現在，我喜歡我的客戶，喜歡我的同事，我原先玩世不恭的態度都消失得無影無蹤。」

在專業領域上來說，這個工作很適合他，但是多明尼克依然覺得不滿意。

「我的身分地位很大程度上都依賴工作來定義。在四十多歲時，我和我太太都覺得人生的發展並不如我們所預期，我感覺自己的職涯大概就這樣了。雖然不管從哪方面來說，我都算是成功的，也實現了理想和抱負。但當我發現我的一個朋友得到麥克阿瑟獎，另一個朋友成為聯邦法官，這些與我同輩的人獲得的成就和地位，是我在這個工作上永遠都不可能達成的，我對此感到氣憤。」

我要多明尼克描述他的四十多歲時期，他用了「充滿壓力」來形容，對生活的滿意度，他給的分數也很低。但是當我請他描述五十多歲時，他卻用了「感恩」這個詞，而且生活滿意度是非常高分的九分（總分為十分）。

「為什麼？」我問他。

「在快接近五十歲時，我對我所達成的目標和所擁有的事都懷著感恩的心。」他發現自己開始回顧在農場度過的童年時光，而且珍視那種穩定的人際關係和有價值的工作。「我變得感謝生命、婚姻和工作，這些都是我重要的資產，而且到目前為止我並沒有搞砸。」他說。

「我瞭解，但是什麼契機，讓你產生這種感恩之心呢？」我問。

「我認為應該是精神層面的改變，我的心態想法變成熟了，我不再像以前那麼自我中心和自以為是了。雖然人生並不如我所預期的那般好，但也算不錯了。我想這就是懂得珍惜當下吧！客觀來說，事情並沒有多大的變化，我的小孩同樣也面臨現實人生的挑戰，我還是喜歡我的工作，只是不像以前那樣投入。」他想了一下後，又補充道：「我想我應該是既降低了期望，同時也增加了感恩的心吧。」

多明尼克無法精確知道究竟是什麼變化讓他更懂得感恩，他只知道困擾他的失望感覺消失了。他能想到最接近的解釋就是，長久以來，以競爭、成就和分數來定義「成功」的他，找到了讓自己感到滿足的新方向。

「可以舉個例子嗎？」我問他。

有一天他在家中正用筆電專心處理工作時，十一歲的女兒走過來要幫他畫指甲，他說：「不要，我不想要畫指甲。」不過，過了一會兒他改變主意了，這個改變他自己也有點意外，「所以，現在我的腳大拇趾上還有一個笑臉呢！」多明尼克說就是這類的事。

把一生道盡的畫作——〈生命之旅〉

在我和多明尼克及卡爾聊天那時的兩百年前——一八二八年十一月，正處於事業顛峰的二十七歲美國風景畫之父湯瑪斯．柯爾（Thomas Cole），正享受著事業上第一次的成功——他獲選為美國國家設計學院的創始會員。但是他在寫給朋友的信中仍表達不滿，他說自己不希望只畫風景和樹葉，他還期望可以畫些能教化人心的東西，像偉大的詩人一樣創作出啟發想像力，產生合乎道德的愉悅感。

一八三九年，在他接近四十歲時，他接獲一項任務——創作〈生命之旅〉（*The Voyage of Life*）一系列四幅畫。他寫道：「我滿懷熱情地創作，希望可以畫出最好的代表作。」他的願望實現了。〈生命之旅〉於一八四〇年第一次展出時，就獲得評論家和大眾的一致好評。

這四幅畫作非常巨大，加上畫框長超過七呎、寬超過五呎，光是尺寸就讓人印象深刻，且畫作精細，近點看，樹上的樹葉就像真的一樣，岩石的裂縫也栩栩如生，色彩豐富，且對比色大膽，就像幻術般。在電腦繪圖和電玩還沒發明的年代，柯爾創造了擬真的意境，他在這個世界裡述說著引人入勝的故事。

柯爾的〈生命之旅〉開始於第一幅畫〈童年〉。畫中充滿了希望和歡欣，在一個陡峭山峰的左側，溪流從山洞中流出。河面上泛著一艘金色小船，船上是一名歡快的小嬰兒，為了從黑暗世界來到黎明般的伊甸園而感到歡樂。在嬰兒後面握著舵柄的人，像父母般在一旁守護著嬰兒，象徵著守護天使。船頭裝飾著金色的天使雕像，天使高舉著計時器，隨時提醒我們時間不斷流逝，這是一段時間之旅。

第二幅畫——〈青年〉，是四幅畫中最明亮、輕快、美麗的，畫中的景色如魔法般的美好而吸引人。河水寧靜，河岸上樹木蓊鬱，草地青綠，天空蔚藍無雲。昔日年幼的孩童已經長成青年，光滑的臉龐帶著年輕人的青澀。此時的他獨自掌舵，他的守護天使則站在不遠處的河岸旁，雖然年輕人看不到，但仍是能呼叫到的距離。天使伸出手來鼓勵著年輕人。

在前方等著青年發掘的是一座空中城堡，正如柯爾對這些畫的描述：「在遠方的藍天上由雲朵堆砌出的城堡，圓頂之上還有圓頂。」年輕人急切地想抵達這座由積雲堆疊起來的空中泰姬瑪哈陵，但從我們觀賞者的角度來看，年輕人是永遠都到達不了的。溪流在遠離城堡的前方就轉彎了，載著年輕人的小船只會駛向險峻的岩石、河水，漸漸消失在遠方的樹林中。通向城堡的是條塵土飛揚的泥路，這條沒人走過的小路蜿蜒地消失在地平線的朦朧群嶺間。可能這個年輕人沒看到這條路，也或許他曾停下來想了想這條路可能通向何方，但是終究注定他會錯過這條路，他的命運屬於河流和計時沙漏。

在第三幅畫──〈中年〉，畫中的景致和敘事變得很不一樣。現在航行者變成中年人了。以現代人的眼光來看，這位航行者年約四十出頭，留著落腮鬍，身強體健，雙手交握在胸前狀似在禱告祈求。畫中的雲層和地平線的色彩都是暗沉的，「崎嶇陡峭的岩石和沉悶的大地籠罩在一片暴風和雲層中，在陰沉的光線中，小船趨近不遠處的危險懸崖。高漲的溪水湍急地沖擊著山谷，波濤洶湧地流向在迷霧中若隱若現的大海，而小船則在湍急的河流中搖搖晃晃地航行著。

船舵已經折斷，中年航行者無法掌控方向，只能相信守護天使，把命運交給他。此時的天使仍關心著他，從他遠方身後的雲層中向下注視著他，但是航行者已經看不見天使，而天使也聽不到他的吶喊和求救聲，航行者所能依靠的只有自己，雖然他雙手合十禱告，但是眼中仍透露出驚恐。

「煩惱是中年時期的特點，」柯爾告訴我們。「童年時，我們無憂無慮，青年期不會輕易絕望，只有當生活經歷告訴我們什麼是現實世界時，我們才會揭開看著世界的美麗金色面紗，感受到深刻而持久的悲傷。」

從我們觀畫者的角度來看，我們可以看到一旁平靜的大海，但是航行者只能偶爾瞥見，小船不但不載他航行到寧靜的大海，反而駛向水氣瀰漫的瀑布。

最後一幅畫——〈老年〉，色彩依舊暗沉，但色調則大大不同。天空雖然陰暗，但暴風已停歇，光線自天空穿雲而出，破舊的船頭雕飾和舵柄已經不見，船舵和沙漏也不知去向。是到了這個階段，標計時間和設定目標已經不是必需的了。

船已駛離原先險峻的河谷，進入平靜無垠的大海。航行者頭禿了，鬍子也白了，就像他坐的船一樣殘破。他像嬰兒一樣坐在船裡，而不是如之前青年和中年時期一樣地站著，我們可以看到畫中他的左臉，面容平靜，不驚不懼，他的手舉起，似乎在對一旁召喚他的守護天使打招呼。

在此之前，守護天使始終藏身於一旁，默默陪伴並守護著航行者。現在航行者已經是老人了，仰望著從雲層中照射出來的輝煌光芒，天使從雲層開口處下來引導航行者，似乎在歡迎老人來到永恆的天堂。生命的河流此時流入所有生命歸宿的大海中。

這就是人的生命階段，始於幸福也終於幸福，但這是兩種不一樣的幸福。前面的幸福是快樂興奮，最後的幸福則是平靜和認命。年輕人和老人都看到希望的幻影，然而不同的是，年輕人看到虛幻的城堡，而老年人則看到對他招手的天使；相反地，中年人則只看到崢嶸的岩石和湍急的河流。

在柯爾完成這四幅傑作後不久，這些畫就被私人收藏家購買了，這讓充滿理想的柯爾失望萬分，他多麼想對世人展示這些畫作。於是，在一八四二年他又畫了一系列的作品，幾乎和第一次所畫的一模一樣，這次的畫作被反覆展出，對世人產生了莫大的影響。

此時，柯爾也皈依英國國教，他的繪畫風格則更明確地顯示出濃厚的宗教主題。可惜的是，以風景畫和畫中的象徵意義揚名畫壇的柯爾一生很短暫，他在一八四八年四十七歲時死於胸膜炎。同年，在紐約市舉辦了一場柯爾死後的回顧展，吸引了將近五十萬人參觀，這已經是當時紐約人口的一半了。此後，柯爾第二次重畫的人生旅程又落入私人收藏。

最終到了一九七一年，位於華盛頓的美國國家美術館，收購了柯爾一八四二年那個版本的人生旅程，讓無數人得以欣賞這系列的傑作。我就是其中之一。

我是不快樂的人生勝利組

一九八〇年冬天，還是大二生的我和朋友在放假時到華盛頓旅遊幾天，那時是我第一次到國家美術館參觀。在走廊裡掛著正在進行修復的柯爾畫作，他那知名的〈生命之旅〉就這樣被我們瞥見，就像大多數人一樣，我們先被這些畫作的巨大尺寸吸引，接著就是感受這些畫中所要闡述的故事。那天我花了很長的時間徘徊在畫作前，心裡想著那是否也是我的人生。

我的童年就像柯爾畫中所描述的一樣天真無邪，我的青年時期也一樣充滿心比天高的豪情，在快二十歲時，雖然還沒有明確的志向，但我想要在這世上揚名立萬。我一直喜歡閱讀和寫作，因此加入大學報社，或許這將會是我未來的發展？不過，當作家可沒那麼簡單，我想我可能還是會跟我父親一樣成為一名律師，這似乎比較理所當然。但是我隱約覺得自己還想要些什麼不一樣的東西，雖然我也不知道那是什麼。在〈青年〉這幅畫中，我看到年輕人對未來所抱持的雄心壯志，我也一樣，而〈老年〉裡所展現的平靜似乎也是合理的，不過對於尚年輕的我還不能體會。

〈中年〉也離我還遠，不過從某方面來說我又覺得很近。在當時還不到二十歲的年紀，我就體會到中年將會是艱苦的時期。我爸爸就是個工作過度、壓力過巨的人，我母親則有憂鬱症，他們在我十二歲時離婚了，我爸獨自撫養三個小孩。有天，大約在我十四歲或十五歲、我爸四十四或四十五歲時，他失去了最重要的客戶和法律事務所的一半業務。我就是在那天走出了柯爾畫中所描繪備受呵護的童年。幾年後，當我再次凝視〈中年〉這幅畫時，我宛如看到父親被困在激流和礁石的小船上，沒有舵把，也沒有守護天使的護佑。

我以為〈中年〉裡所展示的人生並不是我將來會經歷的。當然，將來我會有危機，會有困難，也會經歷失望和失敗，甚至也會遭遇可怕的挑戰，就如同我父親所曾經歷的挫折一樣。但是我在二十歲的時候，覺得再怎麼樣都會比當下的狀況好。那時的我，沒有目標，沒有錢，沒有愛情（或者說沒有合適的對象），沒有顯著的天賦，只有課業和暑假的打工。在華盛頓的國家畫廊看完〈生命之旅〉後，我就暗自發誓，一定要記住自己是從什麼樣的狀況下起步，並感恩將來所有發生在我身上的好事。

二十年過去，眼看我就快要四十歲了，我的成就超過我所預期，我當了十七年的成功記者，浪漫的愛情關係也維持了三年。然而，在一個寒冷的二月天，我寫了一篇充滿困惑的日記。當時我正以自己獨有的方式細數那些發生的好運，但也因為不斷對生活感到失望而覺得沮喪，而這樣矛盾的狀況深深困擾我。

今天早上我躺在床上，簡單回顧了自己的前半生。

當我二十歲時，我的夢想是當作家或者演說家，但覺得最後可能會是當律師。我幻想著著作會在知名雜誌上發表，然後一舉成名致富。現在我的著作由大出版公司印行，我的照片也被放上封面，我跟當代的許多非小說類作家成為好友，我的作品甚至還被收錄進《諾頓讀本》（*The Norton Reader*）裡。

在我二十歲時，我討厭自己瘦巴巴的身體，有個女孩曾經說過，我看起來像是剛從奧茲維茲集中營逃出來的樣子。那時我大概五十或五十二公斤左右，現在的我，則大約六十一、六十二公斤，最大的區別是我現在多了不少肌肉。

還有，二十歲時我一貧如洗，現在我有六十萬美金的存款和一棟房子，而且相信幾年後我的資產將會累積到一百萬美金。

在我二十歲時，我覺得談戀愛、愛和性對我來說都太遙遠了，我連個可以接吻的人都沒有。現在我跟一個我愛的男人在一起已經超過四年，我都快忘了飽受性煎熬的滋味了。

就在幾個月前，我受邀前往母校演講，我被當作ＶＩＰ般對待，備受尊崇，這又實現了一項我在二十歲時所立下的願望。

我經常責備自己不夠努力，沒有完成該做的事。我不知自己為何總是看不出來，在這二十多年來我所達成的每一件成就都是多麼不凡又值得驕傲，為什麼我就是不能對自己的成就感到滿意呢？

因為，我正進入所謂「幸福曲線」的低點。

那時我並不知道，人到中年對所有事都不滿足是自然的現象；我也不知道我正進入不是只有人類才會有的調整期，就連黑猩猩、紅毛猩猩也有這個調整期。二〇〇〇年時我剛好四十歲，這時關於生活滿意U形曲線論述的證據才剛冒出頭來，四年後，關於這項理論的重要研究發表了。

這個研究證實了我們都知道的事：中年是人生中最不安、壓力最大、最不快樂的時期。當然，可以理解中年人的壓力來自非做不可的工作、滿滿的行程、青春期的小孩和年邁的父母等種種職責。但是研究和我們所知道的人生智慧不同之處在於，如果不去管中年的壓力、緊繃和起伏，中年人的幸福感是上升的。

青年是充滿刺激的時期，這些刺激和期待之類的情緒，讓人對生活的滿意度呈現較高的狀態，但同時也伴隨著高度的波動和不穩定。接下來是穩固和達成的階段，但在這個階段失望會增加，樂觀會減少，且這種改變是漸進、溫和及逐漸累積的，到最後跌至谷底。這種緩慢的下降往往歷經很多年，導致我們自我質疑，在最應該感到滿足的時期卻無法享受成就感。

事實上，當我們處在幸福的U形谷底時，正是要反轉的時刻，我們會無聲無息地調整價值觀、期待值，然後頭腦對這些調整重新定義，重新出發，往上翻轉，幸福的感覺就會在我們晚年不期而至。

以上我所說的是指一般情況，並非每個人皆如此，就像我在這本書會經常提到的，每個人都有屬於自己的道路。但我的情況正是我剛剛所說的模式，而且是報復性的。

如果二十歲時的我知道在四十幾歲時將獲得的成就，哪怕只是一小部分的成就，都會讓我欣喜若狂，充滿感激。因此不知感恩這件事，讓我羞愧萬分，我幾乎不對親朋好友提起，即使是對我先生也一樣。不過，我曾諮詢過某個朋友，他給我的意見就是「吃百憂解」，但我的問題是「不滿足」而非「憂鬱」，這兩者有明顯的差異。每天我還是會準時起床，認真工作，聽音樂，和朋友玩樂，盡情享受人生，一點都不憂鬱，我只是不滿足。

我當然知道何謂中年危機，可我的狀況並不符合，所謂的危機應該是劇烈的、危急的，必須排除所有事務，然後把這個危機排在第一位優先處理，典型的中年危機所表現出的徵候，應該是無法克制的混亂和自我放縱，但我完全不是這樣。我或許會幻想自己不計任何後果馬上辭去雜誌社的工作，卻從未付諸行動；相反地，我討厭風險，寧願追求安穩。

時間一年一年過去，我已經四十五歲，我覺得不滿足大概會跟著我一輩子，只能習慣它的存在；也深信自己在某些方面大概就是這樣了，不會有什麼戲劇化的改變，但這卻讓我不安，如果我變成一個「慢性不滿足」患者呢？想到自己正變成我不喜歡的那種人，就覺得意志消沉。我覺得被自己的不滿足狀況綁住了。

後來，困擾我的這層迷霧居然毫無預警地消失，就像它當初突然降臨一樣。在我快五十歲時，我母親過世，之後，和我比較親密的父親得了一種惡性的神經性疾病後也去世了。五十歲時，因為全美報章雜誌受數位化的衝擊而紛紛縮編倒閉，我失去了雜誌社的工作，因此我決定自己創業，成立專門為作家提供創意點子的公司，但是也沒成功。我就這樣掉進人生的湍流，被拋向中年的峭壁。不過我頭腦裡那個比較的聲音卻變小了，也不常出現，那個經常編造各種理由讓自己不滿足的我，似乎消停了。

當時我無法知道現在已瞭解的事，我就像柯爾畫中那個中年的航行者一樣，只能任由時間掌控。

在中年的黑暗森林裡找到出路

在本書中，我會重述柯爾的人生旅程，也會借助在經濟學、社會學、心理學、神經學方面的最新發現，作為闡述的根據。

本書含括經濟學家對於幸福所提出的新科學觀點。那就是我們所表現對於生活滿意度的反常行為，其實與我們的物質條件及成就之間的關連性，並沒有想像中那麼密切。這也使一些特立獨行的經濟學家開始研究為何年紀和其他事物的發展歷程不同，人到中年反而益顯艱困，然後經過緩慢的情緒調整之後，中年以後的人生開始好轉，人們會更滿足、更懂得感恩。

本書還探討現代人自我調整能力的進化，以及關於成年人發展階段的最新研究，這些新的理論都將影響我們將來在退休、教育和潛能開發等方面的想法和行動。

除此之外，在書中我也將引介一位年輕的經濟學家所提出的「負面回饋循環」理論，此一理論針對導致中年人莫名的不幸福感，提出了合理的解釋。

另外，我也將在書中介紹一些心理學家和神經學家的最新研究成果，他們發現在人類處於低谷時，總會有令人驚喜的回報在等著我們。

還有一些精神疾病學家和社會學家創建了一門新學派，指出在年老後雖然體力變差、健康大不如前，但在心理上卻更仁慈、更快樂。書中還提到幾位社會思想家和改革家，針對成年人的發展階段描繪出新藍圖。

如果上述所有的研究結果是正確的，那麼我們就得開始對既有的想法做些調整了。

首先我們必須瞭解為何過去我們認為的「變老」和「幸福」的概念是錯的，還有為何中年的不滿足對大多數人來說不是「危機」，而是健康自然的過渡期，明白這些事情，我們才可以更明智地看待幸福曲線。雖然我們無法避開曲線的谷底，但至少可以平安順利通過，也可以幫助他人度過人生低潮。

我花了數年的時間研究幸福曲線，以及它和年齡、快樂之間的關連。之前我一直想不通其中的道理，直到我明白我們的幸福不是一個人的事，而是和所有人都有關連，這才豁然開朗。

幸福曲線是我們一生注定會經歷的過程，它讓我們在變老時能適時改變自己在社會上的角色，不再野心勃勃，爭強好勝，而是變得更有同理心，能更注重和他人的互動連結。

如何應對幸福曲線也是個社會性課題，因為這不是我們自己關起門來在頭腦裡想想就可以應付得了，這需要社會支援。而我們的社會也需要重新審視老化及老年的觀念，拋棄關於老年人的一些陳腐觀念，例如覺得老年人總是脾氣怪裡怪氣、悶悶不樂等，社會應該提供給正處於中年低谷的人一些支持幫助，而非孤立或以他們為恥。

如果你也正處於中年低谷，或有認識的人處於這個階段，可以參考本書的內容。我沒有魔法可以立刻讓你擺脫低潮，這世上也沒有這樣的魔法，但是我可以提供非常有用的建議。

第二章

為什麼我們會覺得不快樂？

卡蘿．葛拉罕（Carol Graham）有著一頭柔順的棕直髮和纖細的身材，一點都看不出她已經是五十多歲的人。她幾乎每天都會跑個十哩，生活態度積極進取，這種往前衝的個性也反映在她直接坦率的說話方式上，即使是初次見面，當你知道她是個經濟學家也不會感到驚訝，不過，如果告訴你她是哪類型的經濟學家，你將會大吃一驚。

卡蘿和我年齡相仿，我在四十歲出頭時認識她，當時我們都在同一家智庫公司工作，也常會約出去玩樂，那時我正處於中年不滿足期，還沒公開自己的同志身分，也不打算跟同事傾訴自己的脆弱情緒。在跟她吃了一陣子的午餐後，我們的話題也越來越私密，她告訴我她的中年歲月過得不怎麼順遂。她有三個小孩，先生因為管理兩地的公司業務，需要經常出差，他們的工作都正面臨挑戰。

當時，她母親得了阿茲海默症，父親患了肺氣腫，她和先生的婚姻也出現危機，在結婚十八年後，他們離婚了。

「這對我來說是很大的傷害。」她說。她和前夫爭吵互鬥了七年，這七年來她都非常沮喪失落，直到現在還有創傷症候群，這多多少少影響到她，不過她還是熬過來了。她專注在工作上，也取得好成績，其中包括了《幸福的世界》（*Happiness around the World*）這本優秀的著作。

在我認識她之前，我認為人類的幸福（當然也包含我的幸福），會反映在生活得好不好上面，或者說應該以這樣的方式來看待。主觀幸福和客觀幸福、想法和現實，應該是同時並進的，這就是為何我一直覺得我沒資格不滿，也不敢將自己的狀況告訴卡蘿或任何人。不過，當她開始說明她的工作時，我逐漸覺得自己的想法是錯的。就像湯瑪斯·柯爾的畫一樣，人生的航行會受到善變無常的河流擺布，經常毫無理由地又繞回原地。

如果體認到幸福並不是理性、可預期，或取決於人們的客觀環境，這將有助於我們理解何謂「幸福曲線」。多年來，一些經濟學家竭盡所能地想要忽視這個發現，但是最近一些「異類」的新經濟學家的研究支持了這項觀點，其中就包括卡蘿。

幸福的農民VS.沮喪的富翁

卡蘿於一九六二年出生於祕魯的首都利馬，那時的祕魯是個處在極端狀況下的國家。他父親是美國籍的名醫，母親則是道地的祕魯人。她是家中六個小孩中的老么，四歲舉家搬回美國前她完全不會說英語。「從很多方面來看，我既是美國人也是祕魯人。」她告訴我。

她兒時在祕魯看到極端貧窮的人和極度富有的人，目睹這種極大的貧富差距，讓她對社會不公和經濟發展的議題感興趣。

卡蘿二十幾歲時和所有人一樣，充滿了冒險犯難的精神。她在大學畢業後進入布魯金斯學會擔任研究助理，也在這段期間取得發展經濟學和政治經濟學的博士學位，她的論文就是關於祕魯的窮人如何克服惡性通膨。她沒有像一般人在學院裡致力獲得終身教職的工作，而是靠著各種獎學金，和一些著名的經濟學家合作，到越南、中國、蒙古等地，學習如何幫助這些經濟快速發展中國家的窮人，嘗試解決在這些國家貧民窟中嬰兒營養不良的問題。

在一九九〇年代，在北美自由貿易協定成立以及和其他國際貿易談判展開時，對抗全球化的浪潮也如火如荼展開。一些激進主義分子要求經濟學家應該多花些時間在人的平等上，因為在經濟發展過程中，貧富不均的問題往往更加嚴重。卡蘿意外發現，祕魯的窮人在社經方面的變動，跟美國比起來要頻繁多了，而這也引發她的另一個疑問：「這些人是怎麼看待他們所做的事呢？每個人都說全球化受害最深的是窮人，那我們為何不去問問那些人的看法呢？」

後來她也確實付諸行動。「跟十年前的經濟狀況比起來，你現在的經濟狀況有變化嗎？」她問了那些窮人這個問題。對於這些人的實際經濟狀況，她有個豐富的資料庫，因此她可以比較這些人的客觀經濟情況和個人主觀的滿足感。

經過分析比較後，結果出乎人意料：經濟條件改善最多的人，有大約一半的人會說，他們的經濟狀況比以前還要糟。反向的發現也同樣令人不解——那些經濟條件完全沒有改善的人，特別是農村地區的窮人，卻認為自己的經濟狀況變好了，或者沒什麼變化。

對此結果，卡蘿馬上想到，或許這只是祕魯的狀況，因為祕魯的情況確實比較特殊。接著她取得了俄羅斯在一九九〇年代風起雲湧時期的資料，發現在社經地位向上流動的人裡面，有百分之七十的人說他們的狀況比以前差，其他國家的研究數據也顯現這個結果。

拿中國的數據來說，卡蘿研究一九九〇到二〇〇五年中國經濟成長大爆發的時期，人均壽命超過七十五歲，這和一九八〇年代的六十七歲比起來明顯增長許多。她和同事周曉傑、張均易（音譯）在〈中國人的幸福和健康〉這篇文章中寫道：「同期，中國人在生活滿意度上表現出非常不同的趨勢。在經濟發展快速的初期，他們的生活滿意度驟然下降，後來又回彈恢復了些。生活滿意度的下降還伴隨著自殺率和心理疾病的增加。」

在其他國家也出現這個奇怪的現象。英國著名的經濟學者，理查・萊亞德（Richard Layard）在其著作《幸福的社會》（*Happiness: Lessons from a New Science*）裡曾說：「所有的證據都指出，現在的人普遍沒有五十年前幸福，但收入卻是五十年前的一倍多。這個悖論同樣也適用於美國、英國和日本。」他還指出，「在美國，物質財富的大量增加並沒有使自認為『很幸福』的人數增加，但也沒有使自覺『不太幸福』的人減少。」

從個人層面和國家層面來說，一個人對生活的感受，不一定會反映出別人認為你該有的感受，至少從「經濟人」[1]的物質標準來說是如此。而且通常這個關連是反向的，即使調整了非經濟因素的影響，如人口統計和健康因素，結果還是一樣。「在經濟快速發展的國家，人民的幸福程度不如經濟緩慢成長的國家。也就是說，經濟的快速變動容易使人民不快樂。」卡蘿說。結果就產生幸福的農民和不快樂的富人。

在一九九〇年代，卡蘿發現的這個悖論在當時還相當怪異，因為傳統的經濟學認為人們的收入多寡會影響他們快樂、滿足和社會穩定的程度。「我不知該怎麼進一步闡述我的發現，因此到處探詢。我發現的相關文獻資料非常少，但找到了理查・伊斯特林（Richard Easterlin）。」

富人比窮人快樂，但富國未必比窮國幸福

在晚春的某天，我打電話給在南加州大學經濟系任教的伊斯特林，他就像其他我曾接觸過榮獲諾貝爾獎的經濟學家一樣，謙遜親切，但不同的是，他並沒有獲得諾貝爾獎。這似乎不太公平，因為他創建了新的經濟學分支。

如果說現代經濟學有任何座右銘，那一定就是：觀察人們做什麼，而不是說什麼；看他們如何行動，而不是如何感覺。

經濟學家一向認為經濟學是嚴謹的科學，也就是只看事實證據說話。例如，在一段時間內，汽車銷售量是多少，新增的工作數量又是多少。對於受過傳統經濟學教育的經濟學家來說，人們的感受不太重要，除非消費者的感受引起了需求上的變化。

1 編注：又稱作「經濟人假設」，即假定人的思考和行為都是目標理性的，唯一試圖獲得的經濟好處就是最大化的物質性補償，常作為經濟學和某些心理學分析的基本假設。

那麼，又如何能知道人們真正的感受呢？也許可以透過問題來得知，但是這又有疑慮，因為如果把問題的用詞稍做變更，很可能就會得到完全不同的答案。還有，人不是一直都知道自己的感受和需求，就算知道，也很可能不說實話。要瞭解人們的喜好和需求，即使是主觀的內心狀態，比較好的方法就是觀察他們顯露出來的偏好。美國人或許會告訴你，他們喜歡熱狗勝過漢堡，但是銷售數字不會說謊，它顯示出美國人其實更愛漢堡。我們可以從每天人們買賣物品及服務的內容瞭解他們的偏好，在運作良好的市場裡，對商品的滿意度應該會隨著對人們的偏好掌握得宜而增加。

在伊斯特林約四十五歲，正在研究人口統計學時，他發現統計學家和心理學家一樣非常重視主觀的感受。但是主流的經濟學家則不，他們通常都會忽略人們的心理狀態，這在伊斯特林看來是非常荒謬的事。一九七〇年的某一天，他在史丹佛大學的高等研究中心和朋友們閒聊時，一位社會學家提到關於「幸福」的調查，伊斯特林覺得這個題材如果繼續往下研究應該會很有趣。

於是他繼續研究的成果，就是他在一九七四年發表的一篇論文——〈經濟成長能改善人類命運嗎？關於一些實證〉，在此論文中他提出一些基本的問題，例如：富人通常比窮人快樂嗎？富國（如：已開發國家）和窮國的人民相比，是否會更幸福？經濟發展能改善人類的命運嗎？

「『幸福』這個詞偶爾會出現在經濟學的文獻中，但用得不是很嚴謹。據我所知，這是第一次嘗試研究實際的證據。」伊斯特林在論文中寫到。

伊斯特林詢問了十九個國家的人民關於幸福的問題，藉此收集調查數據。其中一個問題是：「你如何看待自己的幸福程度？是非常幸福、幸福，或不是很幸福？」另一個問題是「坎特里爾階梯量表」（Cantril Ladder），又稱「坎特里爾階梯評量表」，它以美國二十世紀中知名民意調查研究專家哈德立．坎特里爾（Albert Hadley Cantril）的名字所命名。坎特里爾設計了十一級的梯子，讓受試者根據自己的生活狀態選擇覺得自己正站在哪一階的梯子，最上層的梯子代表自己的生活已經非常不錯，最底層則是最糟糕的生活狀態。

伊斯特林在調查結果中發現了一個奇怪的現象。在某些國家，收入和幸福是成正比的，例如在美國，收入最高的族群並且覺得自己很幸福的人數，幾乎是收入最低者的兩倍。這種關連性對伊斯特林來說並不意外，因為這完全符合他調查所顯示的結果。

很明顯地，如果富人比窮人幸福，那麼富有國家應該比窮國幸福，但事實又不是這樣。伊斯特林寫道：「我們會認為一個國家的人民是否感到幸福，會和該國的經濟狀況好壞成正比，但根據每個國家的資料，顯示實際狀況並非如此。」一個國家的富裕程度和人民的生活滿意度並沒有絕對的關係。

還有一些也令人困惑的狀況。自二十世紀四〇年代以來，美國的經濟發展快速，人民的收入顯著增加。美國在第二次世界大戰後的二十五年，被經濟學家視為是繁榮共享的黃金年代，但高收入並未提升幸福感，富人普遍比窮人幸福，但富裕國家卻沒有比窮國來得快樂。

那麼要如何解釋這種不一致的結果呢？也許這些只是表面上看起來不一致。伊斯特林假設，很可能因為這些人的幸福是來自和他周遭的人比較之後的結果。「如果一個人的收入增加，會讓他覺得更幸福。但是如果每個人的收入都增加，則不會讓幸福感有任何改變，因此較富有的國家未必就是較幸福的國家。」伊斯特林如此寫道。畢竟人們不會花精神去跟遙遠國度的人進行比較，而是跟身邊的朋友、親人、同事做比較。

他以身高做比喻：一個人覺得自己高不高，主要是看周圍人們的身高而定。如果你覺得自己長高了，但是周圍的人也都長高了，那麼你就不會覺得自己有變高。同樣地，如果你沒長高，但是周遭的人都長高了，你自然就會覺得自己變矮。所以，如果社會上每個人都致力於致富，那麼結果就是每個人都在互相比較誰比較有錢，這將會使人陷入幸福經濟學家所說的「享樂跑步機」[2]的模式。

伊斯特林悖論有可能給經濟學帶來革命性的變化，它挑戰了傳統經濟學的顯示性偏好[3]和物質指標理論的領導地位。如果經濟學家對於改善人們的生活所關心的不只是物質，也包含更深入的層面，例如生活品味，那麼顯示性偏好理論就不能完全解釋這種現象，甚至會有誤導的情況發生。為了改善這個缺點，經濟學家需要採用主觀的標準，他們需要瞭解人們的感受和這些感受產生的原因，甚至還需要重新思考什麼是經濟學。

讓我們回到現實世界。伊斯特林革命性的研究論文並未帶來任何改變，經濟學家依舊對他的調查數據心存疑慮。讓人們自己去界定幸福到底是什麼，就像坎特里爾階梯量表一樣，讓不同的人對問題做不同的解釋，經濟學界還沒準備好可以接受這麼具挑戰性的觀念。

伊斯特林的發現透露出物質財富並不能帶來幸福，財富和幸福的關係非常複雜，不

2 編注：Hedonic Treadmill，人類在追求生命中慾望的一種形容詞，就好像在一台跑步機上，要一直往前跑才會有新的快樂。

3 編注：Revealed preference theory，經濟學術語，由一九七〇年的諾貝爾經濟學獎得主保羅．薩默爾森（*Paul Samuelson*）提出的消費者行為理論，認為從消費習慣可以顯示消費者的喜好。

能以直線關係來理解。如果這個發現是正確的，我們應該怎麼看待它呢？是不是人們就該停止賺錢，公司也應放棄創造利潤？答案當然是否定的，如果人們變得不理性和神經質，那就是心理學家而不是經濟學家的事了。

或許，伊斯特林在一九七四年發表的論文沒能引起重視並不意外，但現在看來，他確實完成了令人尊敬的成就，只是在當時他有太多問題無法得到解答。伊斯特林悖論幾十年來只是件奇聞，直到後繼的經濟學家開始重視它。

如何衡量幸福？

幸福的定義是什麼？我們如何知道不同的人是否會做出相同的定義？哲學家對這個問題，從聖經時代開始直到現在都不斷在尋找答案。

然而，在二十世紀八〇年代和九〇年代，調查數據從世界各國湧來，顯示人們對幸福的表述呈現驚人的一致性。根據調查數據顯示，和哲學家不同的是，一般人在表達對幸福的想法時完全知道自己在說什麼，大家對自己主觀幸福的評價和他們的朋友對幸福的評價類似，也接近在旁觀察員的評估，甚至也很符合電腦做出的評估。這顯示在幸福與否的標準模式中，決定性的因素都很穩定，也很一致。

幸福也可能取決於不同的狀況。第一種狀況是，有可能只是反映一個人當時的心情，例如高興、煩惱和擔憂，是和朋友在週五晚上的酒吧喝酒的心情，還是堵在路上吸汽車排出的廢氣的心情，又或是工作趕不上進度之類的心情。這種短期的情緒狀態稱為「情感幸福」（affective happiness），也就是像情緒、心情之類的短暫情感狀態。研究者是透過下面的問題來測量情感幸福：「你昨天微笑幾次？」「現在你覺得壓力有多大？」

第二種評估幸福與否的問題就非常不一樣了，像是：「你對生活有多滿意？」「跟你想像中可能過上的最好生活相比，你認為現在的生活如何？」雖然問題有多樣變化，但必問的一個典型問題是：「整體來看，你覺得自己的生活有多幸福或是多不幸福？」這類問題問的不是關於個人的情緒，而是對生活做整體評估，這是評價幸福（evaluative happiness），也是主觀的幸福感。

「情感幸福」和「評價幸福」彼此確實有些關連之處（如：持續的憂鬱情緒將會降低生活滿意度），不過，兩者的關連性並不如大家預期的那樣多。正如數據所顯示的，人們可以直覺地明白並區分這兩個概念的差異。如果詢問他們前一天的幸福狀況，也就是心情如何時，他們會回答：「週末會更快樂些」；但詢問他們的生活是否幸福時，就不會有「假日過得比較快樂」的答案。

我們追求的不是「幸福」，而是「比別人幸福」

以我的例子來說，我在四十幾歲時，生活滿意度很低，比我認為該有的要低得多，但我的心情通常都沒什麼問題，這也是我認為自己不需要治療的部分原因。我沒有情緒障礙，我是「滿足障礙」。

伊斯特林在跟我聊天時，特別強調「情感幸福」和「評價幸福」這兩個詞的區別，最早是出現在他於一九七四年發表的文章中，而像卡蘿．葛拉罕這類經濟學家主要關注的是評價幸福。但他們都想知道，如果金錢無法提高幸福，那麼什麼東西可以呢？

卡蘿畢生的職涯都花在研究來自世界各國的數據，她在二〇一一年出版的書《幸福經濟學》（*The Pursuit of Happiness*）寫道：「我發現，無論是哪個地方的人，都會發現非常簡單的幸福模式：穩定的婚姻，良好的健康狀態和足夠的收入（不需太多）有利於幸福。失業、離婚和不穩定的經濟狀況，對幸福則非常有害。」

我們現在來一一解讀卡蘿的幸福清單，先從金錢開始。金錢很重要。我父親曾說過「我有錢過也窮過，不過還是有錢好。」有一餐沒一餐，沒個遮風避雨的房子，生活肯定很悲慘。不過，金錢與生活滿意度的關係並不是呈直線關係。「收入對一個人的幸福感很重要，但在某個點後，其他事就開始變得重要了，例如別人的收入如何。」卡蘿在文章中這樣說。

「他人的收入」為什麼重要？因為一旦人們的收入達到可以讓生活過得舒服的水平，便會開始和鄰居、朋友比較，並以超越對方為目標。研究證明顯示，他人的收入增加會減損自己的幸福感。

一項在肯亞進行的實驗結果令人吃驚和沮喪。二〇一五年一個名為「直接給予」（Give Directly）的非營利事業組織，在肯亞六十個貧窮村莊進行「你的收益就是我的痛苦」的實驗。他們在這些村莊隨機挑選一些家庭，無條件一次性分別給予他們四百美元或一千五百美元。不管是哪種金額，對村民來說都是一大筆財富，這些地方普通人家的總財產都不會超過四百美金。

經由分析結果後發現，獲得意外之財的家庭生活滿意度提高了。然而從整體來看，這些比例也被沒有獲得款項的家庭生活滿意度下降所抵銷了。研究學者說這種負面外溢效應值得特別留意，因為它是其他因意外財富帶來正面效應的四倍之多。也就是說，個人的發財帶給他人的不滿，是個人滿意度的四倍，至少對貧窮的肯亞村民來說是這樣。（不知是幸運還是不幸，這些因意外之財所帶來的正面和負面效應在一年之後便逐漸消失了，因為村民已經適應了新的現狀。）

附帶一提，因為幸福感是主觀的，所以觀感和現實一樣重要。假設有個搗蛋鬼想在經濟發達地區而非貧窮地區，來場加劇窮人和富人幸福感的惡作劇，像是把所有人的納稅報表公布在網路上，使人們很容易就搜尋到他人的納稅資料。

事實上，挪威在二〇〇一年就公布過納稅資料，到了二〇一六年，微軟有名叫雷卡多・佩雷茲・杜格利亞（Ricardo Perez-Truglia）的研究員，他詳細研究了二〇〇一年挪威的報稅資料，並利用統計控制技巧，聰明地隔離了因為數字公布後所產生的透明效應。其研究結果果不其然不出所料，首先，他發現人們的窺視熱情非常高，對收入的搜尋量已達到 YouTube 搜尋量的五分之一，很多人會上網查詢朋友和熟人的收入狀況。其次，一旦人們知道了自己的經濟條件在社會上的位置後，多年來形成的穩固幸福差異就被打破了，窮人和富人之間的幸福感差距增加了百分之二十九，生活滿意度差距增加了百分之二十一。「這個發現說明財富披露之舉，對挪威人的幸福滿意度產生了巨大的改變。」杜格利亞表示。

值得一提的是，這件事並不是社會不平等的程度真的改變了，而是人們對不平等的瞭解改變了。我們的主觀幸福感，並不取決於絕對的物質滿足，甚至也不取決於我們與他人的相對關係，而是我們自認為處在財富階級的哪個位置。（其他人怎麼看我們也很重要，二〇一四年起，挪威政府已停止讓人民可以上網匿名搜索他人的納稅資料。）當人們得知親友鄰居會知道自己偷看他們的納稅資料時，有關納稅收入的搜尋量就銳減將近百分之九十，人們轉而把精力用在查看誰在窺探自己上。

所以伊斯特林最初的猜測得到證實：超過了某個點之後，國民生產總額的增加，並不一定會增加國民的幸福總值，尤其是不平等也增加的話，不管是真實的不平等或是感受上的不平等。光是社會的整體財富增加是不夠的，如果財富分配不均，經濟成長只會帶來更多的沮喪和憤怒，即使中產階級的財富增加了也一樣。隨著收入差距的擴大，收入的階差越拉越大，上一級離自己越來越遠，會讓人心生怨恨，而上一級的人也會看著自己離再上一級的人越來越遠。正如挪威人所發現的，可見的不平等增加了，這會加劇負面效應。

在美國，這兩種現象同時存在。美國社會的不平等逐漸變嚴重，而不平等的可見度也日漸明顯，經濟上的精英階層越發遠離，一般普羅大眾自成一個世界，他們有自己的學校、社區，有獨特的生活風格和品味。

這麼說好了，如果你是舊金山的中產階級老師，或者工人階層的計程車司機，每天早上看到青少年模樣的身價百萬谷歌員工，在范內斯大道上排隊等谷歌公司的通勤巴士，你所感受到的生活狀態差異會更甚於收入差異。不管是現實生活或感受上的不平等現象加劇，都是經濟成長的毒瘤。甚至對很多生活得還不錯的人來說也是如此，因為他們會看到其他生活得更好的人，心中的不滿足感和怨恨油然而生，而這似乎就是目前美國的狀況。

影響幸福的六大因素

幸福經濟學最基本的發現就是，決定幸福的最重要因素是社會因素，而非物質因素。人類畢竟是非常社會化的動物，關於金錢，在超過某個點之後，我們所關心的是自身在同儕中的排行，而非錢能買到什麼東西。

那麼，決定幸福與否還有哪些因素呢？大多數的因素我們都能料想得到，例如理查・萊亞德在他書中所列的七大因素：家庭關係、財務狀況、工作、社區和朋友、健康、個人自由，以及個人價值觀。除了健康和收入，其他因素都和人際關係的品質有關。

幸福經濟學的另一位傑出人物約翰・哈利維爾（John F. Helliwell）其研究也曾得出類似的結論。哈利維爾自稱是「亞里斯多德的研究助手」，因為亞里斯多德很早就鑽研幸福的涵義和如何實現幸福。他強調及時的快樂或痛苦，與更深層的痛苦和滿足感之間的區別，就在於「生活滿意度對幸福感來說更為重要」。他認為更深層的滿足並非來自於感覺良好，而是從事有益的事，像是培養和保持良好習慣，平衡自己的生活，並加深與他人的關係。

亞里斯多德的先見之明在現代得到了證實。哈利維爾和同事們研究一個名為「世界價值觀調查」的龐大資料庫，對一百五十多個國家的人民的生活滿意度進行分析，他們發現，覺得幸福的人中，有四分之三可以用下列的六大原因來概括：

一、社會支持：遇到困難時有人可以幫忙。

二、慷慨：為人慷慨，且周遭的人也同樣慷慨時更容易覺得幸福。

三、信任：腐敗和不信任的社會對生活滿意度非常有害。
四、自由：有充分的自由可以決定自己的人生。
五、收入良好。
六、健康的平均壽命。

看看這個清單，你會發現這六個因素中有四個和社會的互動有關。其中最重要的是社會支持，它和另外三個因素共同構成了所謂的「關係項目」。正如聯合國於二〇一五年〈全球幸福報告〉（World Happiness Report）所提及，生活滿意度和人際關係關係密切，這種情況在所有對生活滿意度數據的分析中多半都會出現，與空間和時間差異無關。

心理學實驗也得出相同的結論。研究顯示，如果必須做出選擇，人們應該會選擇擁有更多的社會支持，而不是更健康。因為即使健康欠佳，但較多的社會支持和社會互動會讓人更幸福。此外，雖然收入也很重要，但正如我們看到的，收入高並不一定幸福，尤其是當別人跟你一樣富有或比你更富有時。

義大利的經濟學家查看了二十七個國家（主要是已開發國家）的資料後發現，國民收入增加與生活滿意度之間的關係只維持了短短幾年，之後人們就會適應收入增加這件事。從長遠來看，經濟增長對幸福的影響最終會徹底消失。相比起來，群體成員關係變得更密切，以及社會互動其他方面的改善，雖然短時間內僅會使滿意度稍有提高，但從長遠來看，生活滿意度會提高很多。這顯示社會關係效應是逐漸累積的、持久的。

努力賺更多錢，只會讓你保持原來的滿意度，但培養信任、感情和其他形式的社會支持，才會使你幸福銀行的戶頭越存越多。

從另一個層面看，社會支持對減輕財務危機造成的痛苦也會有很大幫助。信任和相互支持度高的國家，比社會關係薄弱的國家能更好地度過經濟大蕭條。困難中相互團結能減輕嚴重的社會或經濟衰退造成的影響，很多經歷過第二次世界大戰的美國人和英國人對此都記憶猶新。真正的財富是社會性的，而不是物質性的。

對很多人來說，最親密、最重要的社會關係是婚姻。伴侶會是你最先求助的人，他們可以成為你的醫生、護士、諮詢師和治療師。伴侶也是你的夥伴，你們一起養育孩子，迎接生活挑戰。婚姻會使你的親戚和熟人網絡倍增，並使你建立起最重要的聯繫形式——家庭。無怪乎婚姻通常非常有益於幸福，尤其是婚姻之初。而離婚則糟糕透頂。

根據一項統計，補償失去的婚姻所需花費的金錢，大約每年得額外增加十萬美元。二〇一〇年，在我住的地區同志婚姻合法化後，我和麥可結婚了，在此之前我們已經在一起超過十年，我們需要政府給的一紙合法證書來見證我們的關係。雖然我們的婚姻只得到幾個州的認可，但我可以確定的是，它讓我們更緊密地聯繫在一起，也讓我們更緊密地融入我們的社區。

在過去幾年裡，我確實感受到在社會資本和生活滿意度上所有研究數據所顯示出的狀況。我生活在維吉尼亞州北部郊區的住宅區裡，我們的社區是個融合式的社區，有中產階級、工人階層，本地人和移民，因為和一個不倫不類的奇怪帶狀開發區毗鄰，所以房價高不起來。阿德利庭院（Ardley Court）是我住過算是最富有的地方。夏天的傍晚，你會看到老老少少即興地在草坪和露天平臺上聚會，分享飲料和食物，大人們在聊天，孩子們在周圍自由玩耍。人們會互相照看孩子和房子，因此這裡幾乎沒有犯罪。星期五回到家，鄰居的孩子會擁抱你，鄰居家的狗會舔你，你也瞭解每個人的近況。雖然房價遠遠不能反映這一切價值。

當然，對大多數人來說，失業會造成財務上的問題，因此它被視為影響幸福的經濟因素，但是更重要的因素依然是社會支持和社會地位。確實，有工作就可以支付各種帳單，工作也會豐富我們的社交網絡，使我們具有使命感，提升我們身為負擔家計者和社區成員的地位。難怪統計顯示，失業的成本大約為每年六萬美元，比美國平均中等收入還高——雖然不像婚姻破裂的成本那麼高，但依然很高。

那麼，為人父母者的幸福程度又是如何呢？這個問題就比較複雜。為人父母是人類的主要任務。我依然記得多年前，我問父親為什麼要孩子時，他說：「因為這是鎮上唯一的娛樂。」好吧，在我看來，雖然它並非唯一的娛樂，不過的確是非常重要的娛樂。有了孩子你才知道自己愛恨和憤怒的極限，這是現代學者已經證實的一則古老常識。

經濟學家安格斯．迪頓（Angus Deaton）和心理學家亞瑟．史東（Arthur Stone）查看了一百七十萬名美國人的資料後發現，為人父母的高情緒波動並沒有讓他們的生活滿意度提高，反而多半比沒有孩子的人低。養育孩子的成功經歷，在事後回想起來總會被看成是令人滿足的成就，但大量的研究發現，為人父母初始階段的生活滿意度並不會增加，反而會降低，新手父母更面臨巨大的壓力。德國的一項研究發現，有超過三分之二的父母稱在孩子出生後的頭兩年，他們的生活滿意度急劇下降了。

「人們沒提到養育幼兒的黑暗面，是它帶給婚姻的巨大挑戰。」一位朋友對我說，在生了兩個孩子後，她經歷了一段非常艱難的時期。不過她的婚姻保住了，現在她的兩個孩子已經長大，她說：「我有兩個非常棒的孩子，和他們在一起很快樂。我覺得自己在養育孩子方面獲得勝利了。」那些指望用「為人父母」來解決不滿足感的人常常會發現，雖然確實有回報，但獲得這些回報得要等到多年之後。

另外一個影響幸福的因素是性別，不過它的重要性可能不像你認為的那麼大。二〇一五年的〈全球幸福報告〉顯示，女性的生活滿意度略高於男性，但兩者之間的差異非常小。我為本書進行的訪談和調查也得到了相同的結論。

向下比，看見的是幸福；向上比，看見的是痛苦

如果我在四十歲時就知道幸福悖論，那麼我就不會對於自己不懂得感恩感到那麼困惑了。在我二十幾歲時，覺得到了四十幾歲應該會跟二十幾歲時的自己做比較，但是我沒有，我反而是跟同年齡層、同樣狀況的同儕做比較，他們有些人的婚姻穩固且長久，比我更有錢，事業地位成就也都比我還好。雖然我過得比很多人都好，不過那些人不是我比較的對象。我一直都在向上比較，正如萊亞德所寫的：「幸福的其中一個祕密，是

不要和比你成功的人比較——要向下比，而不要向上比。」

不幸的是，這個忠告很難實踐，其難度不但取決於我們的心態，年齡也是關鍵因素。

卡蘿的四十幾歲時期有時是艱難，有時是創傷，但也饒有成就。後來，峰迴路轉了，幸福經濟學的研究開始在主流學術中流行起來，新聞媒體也喜歡這個話題。「五十歲時，我的研究突然廣受關注，一想到這種方法引起了人們的興趣，我就感到無比滿足，它改變了人們的思維方式。年輕學者開始進行這方面的研究，他們的做法比我能想到的還要酷得多。」卡蘿對我說。和青春期的孩子相處也給她帶來很多樂趣，他們會一起彈吉他，一起跑步。

我問：「你變了嗎？」她回答：「當你長大後，你會把一件糟糕的事情和你曾經歷的其他事情進行比較，這會帶給你非常不同的視角。你會變得更明智，以前困擾你的事情現在不再是個問題。」像是如何看待對她研究工作的負面評價，她說：「如果這發生在我四十多歲時，我會覺得這實在是太糟糕了。但現在我不會那麼在意了，能夠寫我想寫的東西已經讓我很滿足。我認為我改變比較多的是內在，我已不再在乎別人如何評斷我了。」

現在卡蘿已經過了幸福曲線的轉彎處，她也為幸福曲線的發現做出了貢獻。二〇〇一年，她和另一位發展經濟學家史蒂凡諾．裴提納托（Stefano Pettinato）共同出版了《幸福與辛苦：新市場經濟體中的機會與不安》。在書中他們寫道：「在拉丁美洲，人們的生活滿意度從二十歲開始下降，大約四十八歲時開始上升。在發達的工業化經濟體中進行的研究，也得出類似的結果，雖然幸福曲線底部來臨的時間在不同國家會有所不同，可能早些或晚些，不過大約都是在這段時間點。」

第三章

是「中年低潮」，不是「中年危機」

湯瑪斯．柯爾在〈生命之旅〉裡所描繪中年時所經歷困難的情緒歷程，到了老年便逐漸轉成平靜，這個觀點並非是什麼新的想法，「中年危機」這個名詞還比較獨特、精準而新鮮。

該名詞的發明可以追溯到一九六五年，出生於加拿大的精神分析師艾略特．賈奎斯（Elliott Jaques）在當時發表於《國際精神分析雜誌》（*International Journal of Psychoanalysis*）的文章標題中創造了這個詞，標題為《死亡與中年危機》（*Death and the Middle Crisis*）。想當然耳，賈奎斯那時將近五十歲，也是個中年人了。

鬱卒、壓力、疲累……灰色的中年症候群

「我注意到一些厲害的人到了三十五至四十歲左右，都會面臨一些創作上的危機，這也是我第一次意識到這段時間是我們人生發展的關鍵時期。」賈奎斯在他的一篇文章中提到。他結合敏銳的洞察力與精神分析師特有的大膽猜想，並將觀察結果擴展為一般性理論。他寫道：「中年危機是一種現象，它不僅發生在創作天才身上，也會以某種形式展現在每個人身上。」

賈奎斯假設，中年危機始於三十五歲左右，原本是遙遠且抽象的死亡，此時變得具體而個人化。我們不再成長，而是開始衰退。我們也成家立業了，父母逐漸老去，孩子即將長大，我們都必須面對外在環境的改變，死亡逐漸逼近的事實再也無法逃避，這就是中年階段的重要特點。

接下來就是一連串佛洛伊德式的心理學名詞（我們的內心世界被迫害、消滅、吞食、毀滅，而自我也變得殘破不堪）。總結來說，就是到了中年時我們不得不承認自己已無法成為什麼或做什麼了。雖然我們內心還是渴望可以完成什麼事，成為什麼樣的人，或是想擁有什麼東西，但這些都無法實現了，這種挫敗感讓我們沮喪。

「中年危機」只是虛假的概念？

半個世紀後，關於賈奎斯假設觀點的相關研究和討論越來越多（我會在後面的章節中繼續討論這個議題），然後流行文化很快就把這個論點及新名詞廣泛運用在各個層面，並讓它變成陳腔濫調。

然而心理學家找不到證據證明賈奎斯的論點是對的。確實，有些人在中年時過得很苦，但這也不是多令人驚奇的發現，當心理學家進一步尋找人們在中年時會發生什麼特別的事時，也沒有太大的進展。

「客觀來說，學者們並沒有發現不一樣的事。」康乃爾大學社會學家兼人力發展學教授伊蓮．威辛頓（Elaine Wethington）這樣告訴我。二〇〇〇年，她在《壓力來臨：美國人與「中年危機」》（*Expecting Stress: Americans and the "Midlife Crisis"*）一文中寫到，她發現在她隨機調查的人中，大約有四分之一表示「在意識到衰老、體力下降，或被困在不受歡迎的工作崗位上時，自己的個人目標和生活方式會突然有所改變。」而且，男性和女性出現中年危機的可能性差不多。

「然而，流行病學針對成年人心理問題的研究，並沒有發現中年是特別痛苦的時期，對男性或女性來說都是如此。」人們常說自己遇到中年危機，但這可能只是表示他們在四十幾歲時遭遇到困難。威辛頓猜測：「有些人相信有中年危機這回事，就從他們個人所經歷的事來解釋確實說得通，因為他們在漫長的中年時期確實遇到危機。」所以不管中年危機這個詞在科學上是否站得住腳，它的確提供了一個角度來檢視自己的生活。

「如果我們相信真有中年危機，那它就真的存在，而且會對我們產生影響。這比較像是民間智慧或是傳統的看法，而不是嚴謹的科學。」威辛頓對我說。

其他心理學領域的人對中年危機則沒多大的興趣做進一步研究。威斯康辛大學老年研究所主任卡蘿．萊夫（Carol Ryff）告訴我：「我們在研究資料中沒有發現相關的證據。」像很多心理學家一樣，她認為從整個人生和全人類的角度來說，中年危機並沒有太大意義，因為特定的人的人生歷程和軌跡更有趣、更重要。

「在最終的分析中，當談論這些宏觀且通用的理論時，通常討論的不是真實的人。」她說，「所以不要認為某件事絕對會或不會發生在每個人身上，這樣對我們來說才會有幫助。最好以具有明確條件的方式來思考，比如某種理論是在什麼情況下，又是針對誰，這樣會比較好。」

這樣的描述就是心理學家的工作模式。心理學家通常著重在研究小團體中個別成員的情緒和發展，而且是在實驗室或可控制的環境中進行。在小群體中或特定的情況下，個人的環境和性格決定了他會採取什麼行動。單獨把影響幸福的某個因素排除在外似乎沒多大意義，因為人類並不是透過統計數字就可以瞭解，或是完全掌控風險就能夠掌握我們的生活。所以，中年的壓力是確有其事，問問那些正在同時照顧父母與小孩的人就會知道。但是中年危機也不是一種可以預測和定義的年齡危機。因此一直到二十一世紀初，主流的心理學仍認為中年危機不需要深入研究。

直至今日，仍有不少人認為中年危機沒有什麼討論的必要。「中年危機是徹底的謊言。」二〇一一年羅賓・尼克森（Robin Nixon）在美國生活科學網上發表一篇文章，這句話就是其標題。「擔心中年危機嗎？大可不必，因為沒這回事。」二〇一五年，著名的心理學家蘇珊・克勞斯・懷特伯恩（Susan Krauss Whitbourne），則在〈美國今日心理學〉網上發表的文章以此為標題。她在文章中提出了一些斷言：「沒有證據證明中年危機是一種普遍的經歷（這是真的），它通常根本不是危機（這也是真的）。」她對不同年齡階段，分別包含三十多歲、四十多歲、五十多歲和六十多歲的近五百人進行研究（按心理學標準來看，樣本相當大了），沒有發現中年危機存在的證據。

不過，這個結果只是告訴我們，對於中年的幸福感思考研究，必須要以不同的思考者來研究。

研究失業的勞動經濟學家

當我在二〇一五年第一次見到安德魯・奧斯瓦德（Andrew Oswald）時，他六十一歲，舉止謙恭，聲音柔和，談話中充滿敏銳的分析。他修長的體型如運動員般，這得益於他每天有步行兩個小時的習慣。

我們相約在晚春的英國華威商學院，他的辦公室裡有塊白板，上面潦草地寫著一些等式——顯然這只是為了作秀，因為奧斯瓦德告訴我，他的研究工作都是在家裡進行的。交談過程中，他時不時爆發出笑聲。

奧斯瓦德一九五三年出生於英國的布里斯托，他們先舉家搬到愛丁堡，之後又搬到澳洲，他的父親是令人尊敬的精神病學家，對於兒子寄予厚望，希望他能有所成就。奧斯瓦德不負父親的希望，他的學術地位超越了父親。長大後他和初戀女友結婚，也順利獲得牛津大學博士學位，他的畢業論文讓他小有名氣。現在兩個小孩也都二十多歲了。

「我其實有點是被迫學經濟的。」他回憶道。

一九七〇年代，奧斯瓦德對柴契爾首相前期的經濟慘狀，以及這種現象對一般人的影響的議題深感興趣，「我之所以學經濟，是因為當時英國有大量的失業人口，通貨膨脹嚴重，社會動盪不安，我決定要解決這個問題。」他笑著說。

對當時的英國經濟學家來說，他們爭論的議題是：對失業者來說，「失業」是否是個嚴重的問題。雖然這個議題聽來有點奇怪，但有可能失業者是自願失業的，因為對他們來說休閒比工作更重要，失業似乎也沒多嚴重。「英國右派人士認為有不少失業者是出於自己的選擇，因為他們缺乏專業技能，政府又提供失業救濟金，因此選擇失業似乎是合情合理的。」奧斯瓦德說，「這個議題百年來一直是經濟學的主要爭論焦點：應該把失業視為一種社會的平衡現象，還是人類的災難？」

他個人認為可能會是人類的災難。因為有此疑惑，他開始進入勞動經濟學的領域，研究工作和工資的學問，並側重工作和工資對主觀幸福感的影響。他的第一篇論文在一九七九年發表，是「評斷自己是否富有，是和他人比較後才決定」的這種相對關係。此一現象在當時還不那麼廣為人知，他注意到工會非常在意相對收入，總是竭力爭取會員的工資能夠和其他人一樣或者更高。「我很直覺地認為這種比較心理就是驅動人類進步的因素。」他說。

在當時，奧斯瓦德以一個經濟學家之姿對主觀因素的濃厚興趣，讓他的研究工作顯得有點怪異，不過他並不在乎別人怎麼看，他說：「如果每個人都喜歡你的研究，那麼你就可以確定這個研究一點都不重要了。我有個非常固執的特點，就是確信我知道什麼是重要的。」

奧斯瓦德還有個在當時非常另類的信念，就是數據比理論重要。（雖然這在今日已經不稀奇了）「我在牛津大學的傳統觀念中成長，大家都心照不宣地認為數據對我們沒多大用處。」他的教育環境讓他認為聰明的經濟學家應該鑽研數學學問，而不是做那些拙劣的實證工作。

他年輕時曾申請普林斯頓大學的研究工作，他興沖沖地到美國展示他的數學模型，但是審核人員只是冷漠地回應：「很好，但是證據在哪裡呢？」這讓他困惑不已：「你說的『證據』是指什麼？」這確實讓他上了一堂痛苦的成長課，他開始調整自己的思考模式，「我意識到，真正聰明有才智的人是會運用證據的。」之後，他成了大數據的分析專家，而「大數據」這個詞要等到多年後才出現。

也許對大數據、逆向思考和主觀幸福感有興趣的學者，都不可避免地會被幸福經濟學所吸引。「因為關心失業對人有什麼影響，我們由此發現也創建了關於人們看待幸福的巨大資料庫，然後找出其中的模式。」而此時，伊斯特林開創性的研究依然沒有引起學界的重視，但這個行業對主觀幸福感完全缺乏興趣，反倒讓這個主題更加吸引人。「試圖理解人類的幸福，還有經濟因素和其他因素對幸福有什麼影響，這可能是所有社會科學中最重要的問題。」

許多了不起的創意都來自二人組合，兩個差異很大的人組成一個團隊，可以互補，然後成為一個超級團隊和偉大的創造者。例如披頭四的約翰．藍儂和保羅．麥卡西，蘋果公司創始人賈伯斯和史蒂夫．沃茲尼亞克，以及湯瑪斯．傑佛遜和詹姆斯．麥迪遜——他們是政治上的夥伴，融合了個人自由和憲法秩序。

雖然二人組的兩人都才華洋溢，但是他們的組合則產生巨大的化學變化，達成了非凡的成就。就在奧斯瓦德創建大數據資料庫的同時，他認識了大衛．布蘭奇福勞（Davia Blanchflowe）。「他是個天才，一個數據天才！」奧斯瓦德說。

大數據得出幸福U形曲線

就在我和奧斯瓦德碰面後不久，我在達特茅斯經濟系的老舊走廊上見到了布蘭奇福勞。六十三歲的他恰好與奧斯瓦德相反，他體格魁梧，一頭蓬亂的棕色頭髮夾雜著白髮，一雙厚實的大手，在跟我握手時好像可以把我的手吞噬掉一樣。他的性格開朗，充滿活力，在他雜亂的辦公室裡有張不搭的沙發，在我們的訪談過程中，他全程都靠在這張沙發上。不過，最顯眼的是他辦公桌上並排的三台電腦螢幕。

我還沒開始問問題，丹尼（大家都這麼叫他）就先打開話匣子，他說一個半小時前，他打開一個他之前沒有再回頭檢查過的數據庫，分析一下跑出來的資料，結果發現了「生活滿意度」和「年齡」之間典型的U形關係。

他提到的這個資料庫涵蓋了三十七個大部分是已開發國家的樣本，例如美國、丹麥等，也穿插了一些像中國、拉脫維亞、土耳其這類開發中國家。這份資料主要是受訪者針對下面這個問題：「大致上來說，你覺得現在的生活是幸福還是不幸福？」

我問布蘭奇福勞他如何解讀這些數據，他說因為美國只有一千兩百個調查樣本，不足以分析出可靠的結果，所以他選擇西歐國家作為分析來源。電腦螢幕上出現了一條U形的曲線，曲線底部落在五十三、五十四歲。接著我們查看東歐國家的數據分析結果，也出現U形曲線，底部落在中年晚期，之後曲線上升的幅度沒有西歐國家那麼多。開發中國家的數據也得出U形曲線底部在五十歲初期。他又調整各種參數進行分析，結果也都差不多。

接下來布蘭奇福勞打開一組有三十萬零五千個英國人樣本的資料數據，分析起壓力和焦慮。結果顯示英國人的生活滿意度也呈現U形曲線，底部落在四十九歲，焦慮和壓力也在那時達到高峰。

當我們從觀看一堆資料數據中稍做休息時，他告訴我：「我看過成千上百組的資料，分析它們的結果得出的數據，都是你剛剛看到的那樣，呈現相同的U形圖形。我知道有些人不願意承認這個結果，但事實就擺在眼前。」

布蘭奇福勞並非從小就是數據天才，他小時候生長在南部海邊的城市布萊頓，他家族裡沒人上過大學，年輕的他看起來也不像是會第一個上大學的人，十三歲時他父母還被老師叫到學校去，因為他的成績是後段班的倒數幾名。到了高中時他對讀書比較有興趣了，成績也好到可以參加牛津大學的入學考，但是他並沒有去讀牛津大學，反而選擇在英國算是中等水平的蘭斯特大學就讀經濟系。在學校他不太認真讀書就拿到了好成績。

接下來就是他的「類嬉皮」時期，他做過各種工作，例如在加州當保全人員、搖滾樂團的巡迴管理員等，等他存夠了錢便辭掉工作去旅行，他還曾到阿富汗跨境徒步旅行。「我有段時間不務正業。」他說。但這段期間讓他發現自己對經濟學的喜好，特別是統計學。

在二十八歲時，他攻讀經濟學碩士學位，並開始認真讀書以彌補大學時荒廢的學業，讀完碩士後不到兩年又拿到博士學位。在上個世紀七〇年代的英國，高失業率和頻繁的罷工，讓許多有才華的年輕人徬徨、無所適從。他的論文和奧斯瓦德一樣，著重在工會和工資上，讓數字說話，關心日常的生活。「我稱之為『行走的經濟學』，」他說，「我喜歡經濟學，更想搞懂年輕人的失業問題。」

五十萬人跨國新研究：年齡決定幸福感受

布蘭奇福勞和奧斯瓦德在一九八〇年代中期的倫敦相遇，不久馬上決定合作，沒預料到他們日後合寫的論文會如此之多，「我們大概合寫了有幾百篇了吧！」布蘭奇福勞說，「我們是互補的完美搭檔，我負責數據，他負責初稿撰寫。」

他們的論文大部分是關於工資和勞工方面的研究，例如，他們於一九八八年發表的一篇重要論文，公開對傳統的經濟學表達不屑，讓他們在對立主義方面達到新高度。「這篇論文沒有數學模組，也沒有任何計量分析。」這種赤裸的聲明在傳統的經濟學家之間引起軒然大波。

到了一九八〇年代晚期，才有和他們抱持相同想法的另一位經濟學家——安德魯·克拉克，在達特茅斯學院舉辦了一系列聚焦在伊斯特林悖論的催化活動。

對從事大數據分析的人來說，穩定又反覆出現的模式，代表會有新發現。一九九三年奧斯瓦德、克拉克等人舉辦了一場關於幸福經濟學的研討會。「我們準備了一百把椅子，結果沒人來。」少數幾位出席的演講者所提供的論文和幸福論的關係也不太明顯。同業間的漠視只會讓這對「造反」二人組對這個主題更感興趣，他們更執著地分析數據庫，尋找模組。他們拿來分析的其中一個因素就是年齡，因為年齡所出現的相同模式十分明顯。在奧斯瓦德和克拉克於一九九四年在英國皇家經濟學會所屬的《經濟學雜誌》（*Economic Journal*）上，所發表一篇關於失業是否會產生不幸福感的論文中，有這樣一句話：「關於幸福的U形曲線跟年齡脫不了關係。」然後在一九九六年的論文中，他們和一位名叫彼德．沃爾（Peter Warr）的心理學家，發現工作滿意度也呈現「與年齡相關的U形曲線」。

到了二〇〇四年，布蘭奇福勞和奧斯瓦德已經有足夠的數據和信心，可以對外宣布他們的研究結果，那就是年齡對人的幸福感具有決定性的因素。他們在一篇刊登在《公共經濟學期刊》（*Journal of Public Economics*）名為「在英美隨時間改變的幸福感」的文章中提到，婚姻對幸福非常有益，而失業則正好相反。英國人的生活滿意度處於停滯狀態，美國人的滿意度呈現下降（但美國黑人的滿意度則上升）；另外，收入多寡也關係到幸福程度。他們提出年齡對生活滿意度的影響是獨具特色的。「年齡和幸福的關係呈現獨特的U形曲線。」

在英國和美國的數據中，即使他們調整了婚姻狀態、教育情況和就業狀況，分析得出的結果仍顯示年齡是影響幸福的主要關鍵，而且不管男性或女性都一樣。就算時間、社會、經濟狀況的改變，似乎也不受影響，因為不同世代的資料分析所得到的結果都出現相同的模式。「似乎有些系統性的規律對這種模式產生了作用，但我們找不到合理的解釋，即使在心理學的文獻中也找不到。」他們在文章中寫道。

二〇〇四年的這篇論文，指出有些事情是伴隨著年齡發生，這引起了人們的重視，四年後，他們在《社會科學與醫學期刊》（*Social Science & Medicine*）上，發表了關於年齡與幸福關係的代表作——〈在生命週期中，幸福感是U形變化的嗎？〉這篇文章是從包括十幾個國家、數十萬人的資料庫中分析得出的結果，其中歐洲和美國就涵蓋五十萬人的數據資料。「我們發現『幸福感大約在中年左右最低』這種規律性非常有趣，男性和女性的U形曲線類似，大西洋兩岸居民的U形曲線也類似（雖然歐洲男性的幸福感低點出現時間比美國男性晚一點）。另外還有十幾個國家並未顯現出U形曲線，不過這幾個國家幾乎都是開發中國家，他們的樣本數非常少。每個樣本的個別狀況會形成統計學上所謂的『噪音』現象，如果樣本數不夠，就很難從中發現規律模式。例如，在只有三個人的樣本裡，其中一個人恰好在二十五歲失業，另一個人在四十五歲再婚，婚姻幸福，第三個人在六十五歲時被診斷出罹癌，在這些數量極少的樣本中根本沒有任何年齡效應。」

到了二〇〇八年，為了取得更多的證明，他們決定加入心理健康因素的關連性，如果中年的生活滿意度低，也就是說這段時期的憂鬱症數字就會偏高。他們取得了一百萬份英國十六到七十歲之間的居民資料加以分析，也確實發現了倒U形曲線，四十歲中期左右的中年人罹患憂鬱症的機率最大。二〇一二年他們更深入研究二十七個歐洲國家開立抗憂鬱藥處方箋的數據，結果顯示，四十歲中期的中年人服用抗憂鬱藥劑的可能性達到最高峰。接下來，他們分析了美國新墨西哥州、新罕布夏州精神科藥物的使用數據，結果是四十五歲到四十九歲使用藥物的可能性最大，這些數據再度顯示「中年高峰」的現象。

二〇一〇年，英國《經濟學人》雜誌（*The Economist*）發表了〈人生的U形轉彎〉一文，使這一現象被更多人所知。文中除了引用了布蘭奇福勞和奧斯瓦德的研究成果之外，還刊登美國南加州大學三位心理學家合寫名為〈美國人心理健康的年齡分布概覽〉論文中的一張圖。這篇論文引用了蓋洛普針對美國三十多萬人所進行的調查結果，顯示美國人的U形曲線底部落在四十多歲晚期和五十歲早期。

這時，研究人員已經發現過去關於研究中年時期被忽略的問題：對生活的滿意度在成年後逐漸下降，一直到中年時就到了谷底，接著就開始反彈。奧斯瓦德對於這些數據的潛在重要性直言：「我覺得這是人類最重大的發現，而且它的重要性還會存在好幾個世紀。」

U形曲線模式是多數人必經的生命過程

但並不是每個人都信服此一理論，因為其中還存在一個潛藏的問題值得研究人員進一步深入探討。

U形曲線這種大數據現象，是在研究分析了數萬、數十萬甚至數百萬的龐大人口資料才得出的結論。因為資料庫的人口數據資料非常巨大，透過統計學的技術分析可以發現其中的規律。在二十世紀六〇年代，當艾略特．賈奎斯提出中年危機的假設時，還沒有這類跨國的大型調查資料，所以他的假設理論所提出的數據並不是依據人，因而並不足以讓心理學家信服，他們認為如果想要瞭解人們的生活以及其生活滿意度的波動，研究的樣本規模必須再縮小，也需要針對這些樣本做更深入詳細的研究，而不是拿廣泛的大數據來研究個別的經驗。這是從心理學的角度來說。

另外，U形曲線理論還面臨另一個挑戰。如果你在一九七五年時問一百萬名不同年齡層的美國人，他們的生活滿意度如何，你會得到一個龐大的資料庫，但它只是一九七五年美國人生活滿意度的統計圖表而已。

假設在這個統計裡顯示，一九七五年時三十多歲和六十多歲的人比四十五歲的人感覺更幸福，那很可能只是說明這三代人在生活中有不同的境遇。或許四十五歲的人在成長過程中經歷過經濟大蕭條，艱難的經濟環境留下了心理陰影，使他們對生活的態度普遍不太積極。這個舉例其實並不是假設，而是當初的經濟大蕭條的確讓我父親變得悲觀，使他在金錢方面缺乏安全感，變得喜歡囤積東西。

為了證明U形曲線是真實存在的現象，而不是統計學家所說的「同輩效應」，還需要比較不同年分出生，且具相同時代經驗的人。不過這是不可能的，除非你可以對這些接受調查的人進行終身的追蹤，在這種歷時一生的追蹤調查過程中，有些人會消失，有些人會退出，所花費的金錢也非常可觀，即使只研究一年都已經非常困難了。就算有些研究者對少數人進行終身的資料數據分析後，還是發現U形曲線不是那麼可靠。

二〇〇二年奧斯瓦德打算收華威商學院的年輕研究生尼克鮑德維為自己的博士生。鮑德維是泰國移民，打算研究「佛教經濟」，不過奧斯瓦德指導他研究南非的幸福數據，想當然耳，他也從中發現了U形曲線。

我第一次和鮑德維碰面時，正是他快四十歲時，這時的他已經發表了數十篇論文和出版一本關於幸福的書。「不管我分析哪個資料庫的數據，都會發現U形曲線。」當我跟他在他所任教的倫敦政經學院的地下室咖啡廳喝咖啡時他告訴我。

不過，南非的資料庫所提供的資料仍僅是片段式的「照片」，而鮑德維想要的是連續的「影片」。奧斯瓦德和另一個學者泰倫斯．陳也是這樣想，因此他們在澳洲、英國、德國長期追蹤一些人並建立四個資料庫，再利用統計方法對這些資料庫進行分析，以瞭解他們的生活滿意度之「個別改變」。

結果，在四個資料庫中都出現U形曲線，而曲線的底部分別出現在四十多歲時期的不同時間點，這證明U形曲線模式確實是人在生命中都會經歷的過程。雖然不是每個人，但可說是絕大多數人了。「它確實存在，這是基本也是非常重要的。」鮑德維說。

但是，是哪種基本的存在呢？是生物上的還是文化上的？是先天的還是受外在環境的影響？為了解答這個疑問，奧斯瓦德給美國比較心理學家亞歷山大．偉斯（Alexander Weiss）發了一封電郵。

黑猩猩也有中年危機

有時候，事業上的重大突破和發現往往都是突如其來。

偉斯是愛丁堡大學的比較心理學專家，透過研究動物心理進而對人類心理有更進一步的瞭解。他以研究海葵和烏鯊作為碩士論文主題，後來他本來打算以研究蛾類的心理作為博士生的主題，但是他有夜盲症，晚上的視力很糟，所以只好取消這個計畫。就在他尋找其他替代的主題時，一位導師邀請他加入黑猩猩的研究。

如果你是人類，你的人格和幸福平均水準會深受五項人格特質影響，分別是神經質、外向、開放、友善和自律，而這五項人格特質又受基因影響。積極樂觀的特質通常會聚在一起互相加強，形成積極樂觀的性格，偉斯和他的同事稱這種特質為「綜合活力」。我們從父母那裡遺傳了人格架構，和基本的幸福感受度，兩者關係密切。但是這種生物學的重要性有多少占比？透過研究人類的近親——黑猩猩，就可以瞭解一二。

偉斯和兩位同事決定研究動物園的黑猩猩。他們在動物園長期觀察黑猩猩後發現，黑猩猩的顯性優勢是影響牠們人格和幸福感的重要因素，而這也是影響人類性格的一大特點。跟黑猩猩一樣，具顯性優勢的人比較外向和低神經質，且這種特質的遺傳性很強。這說明了生物因素在幸福感方面也具有重要的影響力。「這對我有很大的啟發性，我們可以透過研究黑猩猩和其他靈長類來瞭解人類的性格和幸福感。」偉斯說。

在研究靈長類的心靈和性格過程中，偉斯完成了兩件有用的事。

第一，他和同事詹姆斯．金設計出評估黑猩猩幸福感的方法。人猿動物當然不可能告訴我們牠們的幸福程度，但是牠們能表達很多種情緒，清楚牠們情緒反應的動物園飼養員，可以告訴我們一些有用的資訊。舉例來說，想要知道猿類的積極和消極情緒，以及牠們從社交活動中能夠獲得多少樂趣，又是否能夠實現目標，針對以上的問題，飼養員回覆的答案都是一致的。這些答案也符合研究人員所設計出的客觀評估指標，例如身體健康等。

第二，偉斯發現，年齡對黑猩猩的人格有重大影響，就像對人類的影響一樣。人類人格的發展特點是，隨著年齡增長會變得比較內向，好勝心減少，情緒比較不容易激動，自制力也會變得很好，黑猩猩基本上也是這樣。年齡對黑猩猩性格具有影響力的發現，說明了一些人格發展和人格結構是高等靈長類動物天生就具有的生物特性。

「黑猩猩不需要出去工作，這點就跟人類很不一樣，但還是可以發現兩者基本的發展軌跡是相同的。如果我們把黑猩猩和猩猩類的五十到六十歲的平均壽命加入分析後，會發現因為年齡所產生的性格差異。在這點黑猩猩和人類非常相像。」偉斯告訴我。

有天，偉斯收到來自奧斯瓦德的電子郵件，在此之前偉斯從未聽過奧斯瓦德這號人物。信中提到：「我知道你正在研究關於黑猩猩及猩猩類動物的幸福感，我的研究發現了存在於人類的U形幸福曲線，不知你能否把我這個發現套在黑猩猩身上研究，看看是否相符？」

之後，兩人很快就約定時間見面討論彼此的研究發現，偉斯也開始著手分析美國、日本、澳洲、加拿大、新加坡等地的猩猩資料數據，其中包含來自動物園、研究中心或收容所的三百三十六隻黑猩猩及一百七十二隻猩猩，分析後發現，牠們的幸福感在相當於人類四十五到五十歲時到達U形曲線的底部。

研究結果論文發表於二〇一二年的《美國科學院學報》（*Proceedings of the*

National Academy of Sciences），該論文中寫到：「我們的研究結果顯示幸福感並不是人類獨具的，雖然人類的幸福感會受到人類的生活和社會的影響，但主要的產生源頭還是在我們和人猿所共有的生物機制上。」

論文發表後引起很大的回響，原來黑猩猩也有中年危機！當時奧斯瓦德更是驚訝，他沒想到自己沒來由的直覺居然應驗了。多年後我們碰面時他仍清楚地記得當時的想法：「我有好幾次坐在書桌前想著，在我死後，研究的結果依然會流傳下去，要不是我的想法錯了，就是證明這就是人類基本的特質。」

我問他自己對U形曲線這件事有什麼看法時，他說「這是人類普遍性的現象。」至於對「普遍性」的定義，他認為這是種傾向的普遍性，但不是每個人都會經歷中年危機的苦楚。「我認為所有人的基本過程都是一樣的，不過我也不一定是對的，我一直保持開放的心態，但證據顯示就是如此。」

因為看到猿類的研究結果，才讓我注意到幸福曲線這件事，這也解釋了我四十多歲時的不滿足並不是環境造成的，或甚至不是因為「我」的個人原因，也就是我的意識或理智所造成。黑猩猩不受這些因素的影響，但還是有中年危機。我瞭解到這是人類與生俱來的問題，所以我沒必要讓自己消沉或一蹶不振，我甚至不需要去追究為何會如此的原因。

如果人類的進化由於某種原因讓我們在中年時感到不滿足，那我們或許也不會知道原因。老天在我們身體裡設定了生理或心理的人生程序，很少會讓我們瞭解原因，就像那時我為何老是想要放棄不錯的寫作職業這類的事，也是無解之謎。

人生五十再開始

「我很肯定我也經歷過U形曲線。」奧斯瓦德之後突然好像想到什麼似地告訴我。他在四十幾歲時離婚了，關於幸福研究也沒什麼突破性的進展，「我感覺我的後半生似乎不會有什麼好的結果了，只會越來越糟。」

布蘭奇福勞也經歷了中年困境。「這一生我想要什麼？我想要出名。我是長春藤大學的教授。我們寫了一本《薪資曲線》（*The Wage Curve*）的書（這是他和奧斯瓦德合著關於勞動市場最有影響力的書）我想要做點不一樣的事，那時我只有四十歲，我以為自己處於中年危機，而且時間比我預想的還要早到。」

我問布蘭奇福勞那時有沒有覺得自己被困住了，他笑說沒有，反而是他太太覺得被他困住了。他紓解壓力的方法就是買雪上摩托車、船和加倍工作。「很多人都跟我一樣整天工作，除了工作外就是陪小孩，很少花時間經營婚姻。」他的婚姻也和奧斯瓦德一樣悲慘地破裂了。然後他被診斷出罹患癌症，那段時間他只能說：非常痛苦。

奧斯瓦德剛過五十歲時，認識了現任妻子，事實證明她更適合他，他對人生的看法自此改變，對未來也變得樂觀。「你會對自己更寬容，開始注意自己做得好的事，不會執著於不好的事。」

布蘭奇福勞也有類似的經歷。他在五十歲出頭，生活變好了，經過了七年，他從折磨人的離婚中走出來，癌症獲得控制，再婚幸福美滿，也成為大報社的專欄作家和英格蘭銀行的董事會成員，他變得更輕鬆自在了。「我越來越不想成為無聊的學者，我也沒有什麼需要被肯定及證明的。」他的興趣是釣魚，並以經濟學家的嚴謹態度談論釣魚這件事：「我通常會在傍晚時分出去釣魚。天氣好的時候最適合釣魚，可是好天氣各種蟲子也想出來，這時你就得衡量得失了。」

是不是奧斯瓦德和布蘭奇福勞的再婚改變了他們的心態？還是他們先改變了態度才能改善第二次的婚姻？我一再思考與他們的交談，結果還是無法回答這個問題。我們都不知道這些改變對幸福曲線的影響有多少，或是曲線的改變對生活及抉擇的交互作用又是什麼。沒有任何數據資料可以參考並解開這個謎題。不過，我確實知道這兩個人是幸福的，他們的人生也都過了那個低點。

第一次和奧斯瓦德碰面聊天時，我提到自己在四十歲出頭時滿足感似乎在慢慢提升。他感嘆地說：「等著看你六十歲的時候吧！」

第四章

年齡決定幸福指數

當然不是每個人在四十五歲時就會經歷中年困境，或者過了四十五歲後從此就過著幸福快樂的日子。

在本章中我將探討幸福的意義和幸福曲線的幅度。不過首先得說明，幸福曲線並非不可避免的，它是一種趨勢。

對於U形曲線存在著兩種截然不同的解釋，一種是幸福曲線對實際生活的影響是微妙、奇特且不可預知；另一種則是像湯瑪斯．柯爾的〈生命之旅〉一樣，有著固定的節奏，在每個轉彎處也有清楚的標示，但是沒有人的生命旅程是重複的。

心理學家則認為中年危機的概念是個迷思。「人們在中年時肯定會感到不快樂，也一定會想要買輛酷炫的跑車。」蘇珊．克勞斯．懷特伯恩（Susan Krauss Whitbourne）在《今日心理學》（*Psychology Today*）中寫道，「但是，他們這樣做是否與年齡有關，這很值得懷疑。在任何年紀都有可能發生改變。就像我們在努力試圖實現自我時，無論是否會出現危機，過程中總是會有一些波折。」她的話頗有道理，我就遇過不少曾經歷U形曲線的人，他們的生活滿意度曲線都非常不一樣。

止跌回穩的U形曲線

正如我之前提過的，我曾經對三百人做過問卷調查，詢問他們每十年的生活滿意度，並為自己評分。結果除了U形曲線外，最常見的是生活滿意度上升。呈現這種模式的人，通常在成年後曾經歷過不幸或坎坷的人生，因此他們竭盡所能地想擺脫這種不幸福狀態。

就拿喬來說好了。我訪問他時，他是五十七歲，他給自己生活滿意度打的分數，每隔十年都會提高一點，二十歲時是四分，三十歲時是五分，四十歲時是六分，五十歲時是七分。

他在美國南部出生，從來沒離開過家鄉，也沒上大學，高中畢業後就開始工作了，做過卡車司機、焊接工。曾有過一段糟糕的婚姻，二十三歲結婚，還不到三十歲時離婚，犯過一些錯誤，如酗酒、吸毒等。離婚逼得他從頭開始，他得面對一大堆待付的帳單，即使覺得丟臉也不得不搬回家和父母同住。

他在三十歲時遇到了對的人，再婚後有個兒子，同時也在一家鋼鐵廠找到開起重機的工作，直到現在他還在那裡工作，已經做了二十多年了。他喜歡這份工作，也體認到穩定且收入不錯的藍領工作越來越少了。

他的生活價值及重心來自他的家庭，「在我們那個年代，和我同齡的人長大不是想當消防員、警察就是太空人，但我卻只想當爸爸。」他說。

中年時，喬體會到他必須更接近上帝。雖然他一直是教徒，但他覺得自己並沒有非常虔誠地生活，自從他成為父親後，他認為自己有必要成為小孩的好榜樣。在五十七歲時，他覺得自己和上帝的關係變得更好了。他告訴我：「有次我跟太太外出時，有個年輕人問我們什麼是幸福婚姻的祕訣？我跟我太太不約而同地回答：『是上帝。』」我堅信如果我們的生活沒有信仰是會很艱難的。

我問他對未來的想法是什麼？他覺得自己在六十歲時滿意度的分數會更高，可能到達八十分。「到時我可能有孫子孫女了，我希望在湖邊或海邊有棟房子，感覺越老生活似乎會變得越好。我每天都在學習新知，且持續累積中。」

快速下滑的V形曲線

除了U形曲線外，關於生活滿意度的呈現模式還有V形曲線，它反映出人生中出現破壞性的崩塌和嚴重的危機。但幸運的是，V形曲線比U形曲線和上升直線少見，跟我熟識的東尼就是這種類型。

我跟東尼在二十世紀的九〇年代初識，他是個個性甜美、有著娃娃臉長相的二十二歲男同志，剛從美國南部搬到華盛頓特區。他為人隨和、樂觀、有才華，從來都不會讓人為之擔心。但是他在四十六歲時突然人間蒸發，我四處打聽後，聽說他搬去佛羅里達州，我曾一度猜想這輩子大概再也見不到他了。後來我再見到他時，才知道他的中年時期真的過得糟糕透了。

東尼發達得很快。他在二十多歲時成為報社藝術線的記者，三十歲在一家知名媒體的網路視頻擔任編輯，和比他有經驗的作者打交道。之後他跟著男友到亞洲，成為自由撰稿人，並開始創建部落格，不但經營得有聲有色還曾獲獎。「我三十幾歲時混得非常好，當時我正準備邁開大步往成功的道路上前進。」當我跟他重聚時他這麼告訴我。

但是他一直受困於嚴重的冒牌者症候群，內心充滿自我批評，他總覺得自己不勞而獲，現時的成功不會持續太久。住在郊區讓他覺得無聊，生活平淡無趣，因此他出軌了，他的男友離開他。同時，他也覺得工作毫無意義。「我遇到了存在感危機，我懷疑這個看似不錯也讓別人欽羨的好工作，是否有任何價值，於是我以酒精和性來麻醉和逃避。」

當然這種逃避方式注定是災難性的。東尼的酗酒問題越來越嚴重，嚴重到影響工作，最後被開除，雖然拿到一筆遣散費，但這對他來說可不是什麼好事，他反而用這筆錢繼續買酒喝，就這樣他把自己關在家裡喝了六個月，終於喝出病來。

幸而即使他整天都醉醺醺的，還是體認到如果他繼續這樣下去很可能活不過那個冬天。最後他振作起來，打電話與佛羅里達的一個親戚聯絡，飛到當地住院接受治療，出院後進行密集的戒酒療程。

在跟他失聯一年後，再聽到他的故事讓我震驚不已。我關切地問他是否已經好轉，脫離困境，他說他的經濟狀況不太好，但已經戒酒了。雖然前景未明，但他願意試著用樂觀的心態面對，「我想自己漸漸步上正軌了。」

當東尼的人生開始走下坡時，看起來就很像是中年時期的不滿足，會引發長期不滿，但又不是很激烈的那種。事實上，如果東尼當初妥善處理他的不安和不滿，就會跟多數人一樣平安地度過這段時期。有時當U形曲線惡化就會變成V形曲線，帶給自己和周遭的人痛苦。錯誤的決定有時更將導致生活滿意度永遠無法變回原來的樣子。艾倫的例子就是這樣。

一蹶不振的L形人生

我跟艾倫之前完全不認識。六十五歲的他身材高瘦，舉止莊重，出生於南卡羅來納州，是家裡第一個上大學的人，畢業於會計學系。從越南當兵回來後，他先在政府部門擔任內勤工作，一直到三十多歲。

艾倫喜歡忙碌的生活，也喜歡承擔責任，後來晉升到管理階層的職務。然而在四十歲時，他結交了一些壞朋友，涉入販毒的交易中。他本來想只做一次就收手，誰知幾個月後毒販又來找他幫忙，他原想拒絕並向警察舉報，但沒那個膽，怕自己會被殺人滅口，所以還是繼續做，後來被警察逮到，在牢裡蹲了一年。

他充分利用服刑的時間，在監獄的圖書館研讀法律相關書籍，並在宣導拒絕毒品的專案計畫中擔任辦事員。出獄之後，他找到一份資料登錄的工作，但做了幾年後被解僱。「我又失業了。」他回憶當時的情況，「我有案底，找工作很難找到跟以往一樣的水平，因為有時候你不得不說出自己的過往。」之後，他找到一份收發郵件的工作，雖然和管理職務相去甚遠，但至少穩定。

現在他已經六十五歲了，但還不能退休。他說自己現在和「千禧一代」的人（在一九八二年至二〇〇〇年出生）一起工作，而這些人根本不在乎是否能把工作做好。他很氣自己，也很懊惱當初在四十多歲時所犯的人生大錯，現在再也無法重返白領的工作，進入他年輕時所在的社會階層。永遠都不可能了。

總是會有事情提醒你「爬得越高摔得越重」，摔過後即使重新站起來，但再也無法跟過去那些你認識的人成為朋友了。

中年後的回甘人生

為了寫這本書，我採訪了幾十個人，試圖深度瞭解他們隨著時間更迭對生活滿意度的體會，結論就是：幸福並沒有單一、標準化的軌跡可循。我的就是依循U形曲線，符合卡蘿．葛拉罕所研究出來的圖形，但是東尼的V形曲線、艾倫的L形曲線，或是喬也同樣是U型上升曲線，但都跟我不一樣，不過也是常見的模式。

雖然U形曲線不一定對每個人都具有決定性的影響，但多少仍會有些影響，即使我們的人生經歷可能更符合V形或者上升直線，但是U形曲線的影響還是在的。

為何會如此？回答這個問題前必須先對人生河流做深入的探討。

當我正在寫這一章時，布蘭奇福勞傳了一封郵件給我，主旨是：「來看看——這是英國最新的資料」。英國是調查人民幸福感最徹底的國家，每年都會進行人民的主觀幸福感的調查。布蘭奇福勞傳給我的資料是二〇一四到二〇一五年，英國國家統計局對超過三十萬不同年齡層人們所做的調查統計。他們對受訪者提出一個問題：「整體來說，你對現在的生活滿意度是多少？」然後依據回答結果，把生活滿意度高或非常高的人的年齡和人數比例做出對應圖，如下頁圖4-1。

顯而易見地，英國人民的生活滿意度從年輕到中年是一路下降的，在五十歲時觸及谷底，之後開始反彈上升，七十歲時到達顛峰，之後基本上都是持平到八十歲。

這項調查還詢問了人們前一天的快樂和焦慮程度，藉以評量生活對情緒所產生的影響，而不是滿意度。這些指標也出現和滿意度相同的模式：不快樂和焦慮的指數在五十

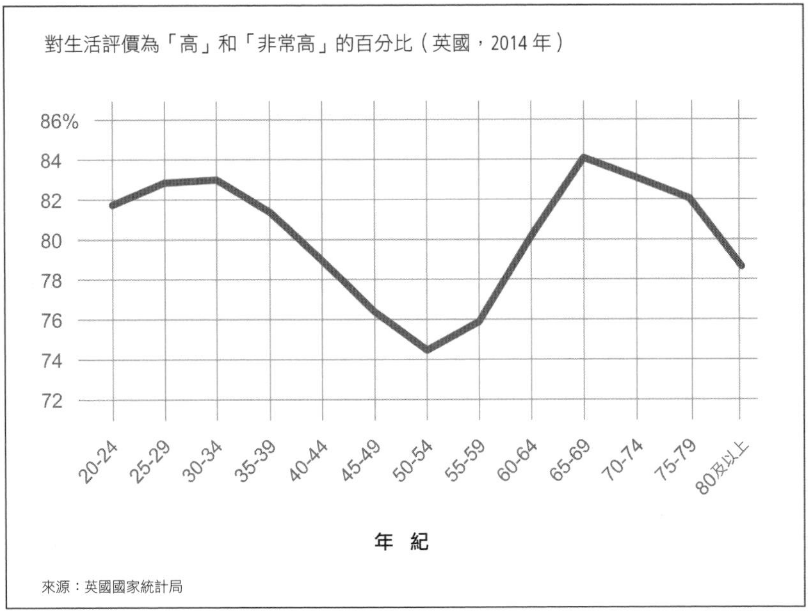

4-1　**生活滿意度**

歲出頭時達到頂峰，在六十歲時開始往下掉。

這張圖簡單易懂，但是心理學家說他們看不出有U形曲線，布蘭奇福勞翻白眼說：「這很難懂嗎？」

這張圖說明了一個有趣的現象：二〇一四年，英國中年人的生活快樂指數平均都比年輕人和老年人來得低。不過，我們該問的問題是，關於這張圖，我們更要注意什麼？

在一次跟安德魯．奧斯瓦德的午餐中，他拿自己最喜歡的蔬菜水果做比喻解釋給我聽

（剛好那時我們正共享一盤蔬菜）。幾年前，當他在查找一個大型的數據資料庫時，發現吃蔬菜水果和生活滿意度之間有著「值得注意的關係」，這也成了他和布蘭奇福勞以及莎拉．史都華－布朗合著的論文題材。你可能認為這個題材應該會跟節食和幸福的關係，還有人們對身體健康的關注程度有關，不過事實並非如此。奧斯瓦德告訴我，關於節食與幸福方面的研究不多，但他們的研究發現，人們的幸福感和心理健康以類似「劑量反應」的方式，會隨著蔬果的攝取量增加而上升，直到每天吃七份蔬菜水果為止，這大約是每個人每天所能攝取的最大量了。

不過，吃或不吃大量蔬果的人之間的差別還有很多不同的層面，他們可能收入更高、生活方式更健康（多運動、少抽菸）、看起來更年輕、受過良好教育等，一開始就比較幸福。

當然，在很多狀況下，幸福和飲食之間的相互關連性也受到第三方因素的影響，不過我們真正關心的，不是吃大量蔬果的人是否更幸福，而是「吃蔬菜水果」這件事和幸福、心理健康有關係。針對這個做研究後，我們發現答案是肯定的。

奧斯瓦德和他的共同研究者在分析中調整了年齡、收入、婚姻、工作、種族、運動、吸菸、宗教、體重，甚至是食物的攝取，例如魚肉、酒精等對幸福感的影響，他們運用統計技巧，多元地比較各種因素之間的交互影響關係。他們調整了收入、教育和吃魚的數據，蔬果的影響就消失了，這說明了收入、教育和吃魚就是影響的關鍵；如果調整了人口、社會和經濟的數量，原有的模式則沒有改變。他們因此發現了「蔬果坡度」及其對幸福和心理健康的影響。

他們發現的結果並不能證明多吃蔬果會讓你更幸福，雖說如果那是事實我也不會感到驚訝，但是要在社會科學中確立蔬果和幸福的關係是很難的，所謂的「蔬果坡度」並沒有真正揭示兩者之間的直接關係。

年齡和飲食不同之處，是我們無法控制年齡，如果某人發明一種可以讓人變年輕，繼而能避掉中年的無趣，想必會有很多人想要得到這個祕方，但這幾乎不可能。布蘭奇福勞和我同感興趣的是「年齡對幸福感是否有明顯的影響」，而這也是我苦苦思索的問題。

答案是肯定的。過濾掉人們的生活環境後，幸福曲線的上升曲線更明顯也更一致。下面的例子來自卡蘿·葛拉罕和她的同事米蓮娜·尼可洛娃（Milena Nikolova）的分析。她們分析了蓋洛普世界民意調查，這項調查涵蓋全球一百六十多個國家，覆蓋了世界百分之九十九的人口。

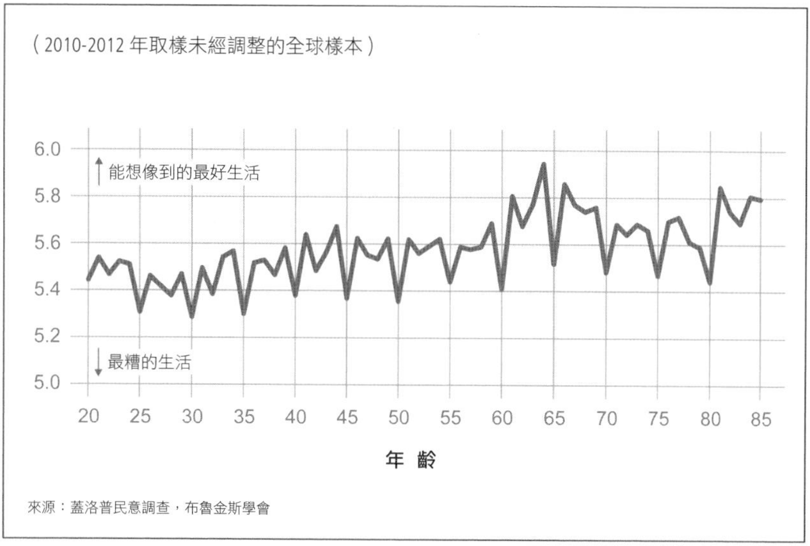

4-2　按年齡劃分的平均生活滿意度

上面的圖4-2顯示人們對自己生活的評價，與他們所能想像到最好生活之間的比較（這也是使用最廣泛的生活滿意度的衡量標準之一）。

如果要說有什麼明顯的趨勢，那就是人們會隨著時間的進展而變得快樂，一直到退休時達到高點。但是當把性別、教育、工作、婚姻、健康等因素分別做了調整，也就是過濾掉其他會影響生活滿意度的因素後，年齡和生活滿意度的關係呈現如下頁的圖4-3。

排除其他因素後，U形曲線就出現了，從這裡可以看出年齡和幸福感之間的關係非常密切。

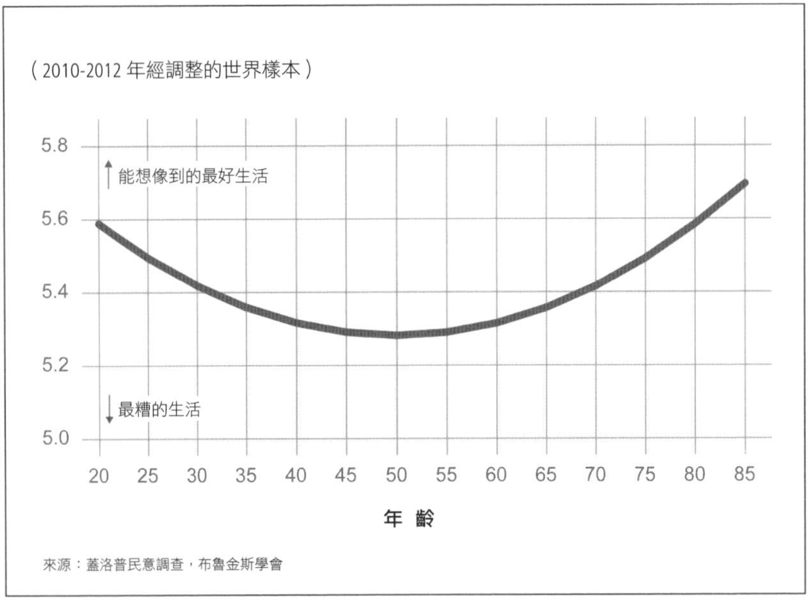

4-3　**按年齡劃分的平均生活滿意度**

圖中的曲線非常平滑，這點值得留意。因為真實人生不會是平滑的，人的反應也不是很穩定。相反地，U形曲線是運用統計學的技巧來預測人感受到幸福的情況，而且除了年齡外，其他可測量的目標都呈現一致，這在現實生活中畢竟不太可能，因為人類就是一大堆變數的集合體。我們關心的是真實的幸福感，是所有事情加總起來給我們的感覺，而不是「生活中只有一件事情非常重要，它對我們幸福感會有所影響。」如果我在二十歲時想知道自己到了四十歲時會不會幸福，我需要知道自己的婚姻幸不幸福、食物夠不夠、自己的健康狀況如何等諸多因素才能判斷。只知道年齡對幸福的影響，並不能讓我們知道那時候的自己到底幸不幸福。就像知道球對棒球賽的影響，並不能讓我們預測誰會獲勝是一樣的道理。

真正的解答就藏在U形曲線裡，必須深刻理解U形曲線所代表的意義，那就是：我們在中年時非常有機會對自己的生活感到滿意，但是也很難達到，需要非常努力才行。

讓我們回到一開始提到關於柯爾的〈生命之旅〉這個比喻上，我就借用他的比喻來說明。中年時的幸福曲線低谷，就像人到中年時遇到的人生暗流一樣，我們並非不能安全渡過，因為也許我們的負載減輕了，也許划船技術改進了，或者肌肉更強壯了，或者我們的造船技術更好了；又或者像喬一樣，年輕時曾遇到糟糕的逆流，到了中年時河流變得比較平順了，這些因素都會讓我們順利度過中年時期的逆流不順。如果有更多這類重大的事情在中年時發生，我們甚至不會注意到中年充滿各種艱難的挑戰，反而會問：為何會有人覺得中年時期是艱困的？

我輩中人的迷惘與哀愁

我在青少年時期和二十歲出頭時對自己的性取向非常掙扎，但過了那段時期，我的生活就過得很平順，身體健康，事業有成，交友廣闊。在二十幾歲到三十歲出頭這段時間，我充滿活力，認真當個記者並出櫃。當然我非常努力，也冒了一些風險，例如辭去好工作並打算寫一本巨著，失敗了兩次後我的書終於出版了。不過在此之前我的人生似乎沒有遇到什麼逆境，所有的事都順風順水，因此到了快四十歲，我的U形曲線開始向下走時，我敏銳地察覺到有什麼地方不一樣了。對抗逆流的划行對我來說異常困難，前方逆流又長又艱辛，看不到盡頭。而且，早年沒有經歷過重大困境的人，到了中年更具有這種敏感特性。

喬給自己四十幾歲時的幸福感打了六分，比起他不安定和不快樂的二十幾歲，以及稍微改善的三十幾歲，中年算是鬆了一口氣了。另一方面，東尼的人生軌跡跟我的比較像，他的成功來得很早也很快，快四十歲時，對於襲來的倦怠感就特別敏感。我認為不是幸福曲線導致他在四十幾歲時的失敗，而是他自己做了一些糟糕的決定——酗酒、自怨自艾，且在失控前沒有尋求協助。不過，我認為幸福曲線到了這個時間點的下降，確實導致他的委靡不振，而產生後面一連串的麻煩事。

當然，如果暗流不太洶湧，對我們的人生影響則不大，就只會是統計學上有趣的現象，例如有些事確實存在，但又還不到引人注意的程度；又或者像我的狀況一樣，人生都非常平順，沒有意外的顛簸出現，但還是出現不滿足的狀況。

你可能注意到，在上面顯示全世界幸福感的圖表中，最幸福和最不幸福的部分在一到十的評分中相差不到一分。雖然如此，但這一分其實差別非常大，大部分人的幸福水平都集中在評量表的中上區塊這段區間。百分之八十的人給自己的幸福感打七到九分之間，低於六分的很少見，低於六分就表示處於悲劇中（十分幾乎沒出現過，表示人們喜歡給自己留點可以進步的空間），世界上其他地方的幸福感評分都比美國低個二到三分，大約在五到六分左右。總之，不管是在美國還是其他國家，一分還是〇．五分的下降都會很明顯。

有多明顯呢？同樣的一組幸福感下降統計數字，可以讓經濟學家嘲笑這些數字的某些變數是多麼不穩定、不可靠，但也能幫他們估算出影響的層面有多大。布蘭奇福勞在二〇〇八年發表具有里程碑意義的論文中提到，二十至四十五歲的生活滿意度大約下降了三分之一，和失業的數字相當。失業是這段時間最糟糕的事件之一，這暗示了失業對幸福的巨大影響。

在另一篇論文中，他們分析了二十多個歐洲國家的數據資料，在控制可能的變數後發現，中年時期服用抗憂鬱藥物的可能性增加一倍之多。前不久，有數位專家做了一項關於年齡如何影響幸福的研究，他們發現在二十歲到四十五歲之間的人，是否能感受幸福的影響因素，通常是人生中的重大事件，例如離婚或失業等。這並不代表每個人都會受到這些事件的影響，或者即使感受到影響也不一定會陷入困境，但至少這可以說明為何我的人生逆流雖然輕微到不足以讓我罹患憂鬱症，然而卻天天困擾我長達十多年之久。

從某個角度來說，我成年之後早年的生活過得還滿愜意的，甚至是好得令人嫉妒。我沒有經歷重大的失敗和創傷，我所經歷的U形曲線低谷，可說是杞人憂天的多愁善感。但如果你已經有憂鬱問題了，正處於情緒困擾或在困境中掙扎，那麼負面的暗流將會使你放大所有的問題。

舉例來說，為了寫這本書我採訪了不少人，南西就是其中之一。之前我不認識她，她是因為看了我所寫關於幸福曲線的文章之後，寫信來感謝我的讀者。

在信裡她說道：「我在四十二歲時陷入了無法解釋但很嚴重的恐懼中，讀了你的文章後我感覺好多了。」在後來的採訪中她告訴我，因為家族的遺傳讓她也罹患了憂鬱症，她的曾祖母曾被送進精神病院，她的外祖母也住過精神病院，她母親則是個「怪人」。她自己和大多數人一樣，二十幾歲時的人生充滿樂趣和刺激，住在充滿活力的城市裡，從事辦公室白領工作，後來回到學校享受無憂無慮的學習生活。「但是憂鬱症一直都在。」她說。然後她在快三十歲時開始服用抗憂鬱藥物，但憂鬱症始終沒有痊癒，只是變得輕微。她在三十歲出頭時當了母親，這讓她感到焦慮和壓力，到了四十歲時，慢性憂鬱症已經成為她生活的一部分了。

「到了四十幾歲時情況變得更糟了。」她說，「大概幾年前，我每天早上醒來不是悲傷難過就是生氣，我也不知為何會這樣，只知跟生活沒什麼關係。」我問她是否可以找到一個能解釋為何會如此低潮的原因，她說沒辦法。她的生活平靜無波：「我有一個非常適合我的工作，雖然薪水少了點，孩子也大到不太需要照看的年紀，我的婚姻也還不錯，照道理說，這應該會減輕我的情緒壓力，但是我覺得自己變得更悲傷了。我不禁心想，我的生活沒變，我的憂鬱症也跟以前一樣，那為何我會更難過呢？」

她的狀況和我有點類似，就是我們都因為自己沒來由的不好而覺得難過，只是她是一開始就有憂鬱症，而我不是。所以如果我們的人生所發生的事情都差不多的話，那麼進入幸福曲線的低谷時，會讓原本就不好的狀況變得更糟。這就是我跟她的情況的異同之處。

幸福有公式可循

那麼瞭解年齡和幸福的關係，對我們又有什麼意義呢？

在美國最傑出的心理學家之一馬汀·塞利格曼（Martin E. P. Seligman）所著的書《真實的快樂》中，他提出了一個幸福公式：

H＝S＋C＋V

H（Happiness）：**長期的幸福水平**

S（Set range）：**幸福設定點**

C（Circumstance）：**生活環境**

V（Voluntary factor under control）：**可控制的因素**

他的公式很簡潔，憑直覺就能知道是正確的，而且提供了一些指引告訴我們如何讓自己變得更幸福。對於幸福的設定點，我們無能為力做什麼改變，這大部分都是由基因和性格來決定，但我們可以藉由改變自身的環境、行為和情緒模式來改善幸福狀態。不過根據幸福曲線的定義，很明顯地，這個公式少了一項要素，那就是時間，所以如果把時間加進去，這個公式應該是這樣：

H＝S＋C＋V＋T

T代表時間，說得更精確點就是衰老的過程。不管你是二十五歲、四十五歲還是六十五歲，時間都是重要、但並非唯一重要的因素。

你可以馬上從這個公式中看出H（Happiness）不是那麼單純，在你邁入中年時，當生活環境的改變（C）和可控制因素（V）朝向能讓你感覺更幸福的方向改變時，時間（T）的變化可能就對你不太有影響。

例如七十二歲處於半退休狀態下的派瑞，就曾感受到中年的不滿足，但是環境的改善消除了這個不滿。他年輕時曾到越南作戰受傷過兩次，婚姻也以離婚收場，還因為酒駕而丟掉警察的工作，在二十幾歲到三十歲出頭這段時間，他的人生急轉直下。不過在三十五歲左右，他遇到了一個好女人，並在一家船運公司擔任警衛，人生開始好轉，生活滿意度從三十歲出頭的三分到四十歲左右上升到七分。隨著時來運轉，到六十歲他給自己八分，到了七十歲是九分。

和派瑞比起來，南西的生活環境和可控制因素則穩定多了，但她四十幾歲的中年時期因為年齡（T）的U形曲線作用，再加上她原本的憂鬱症就是她的幸福設定點（S），結果就是悲慘。

但如果是不同的因素往不同的方向發展，結果會如何呢？這就得視情況而定。個體的差異性還是很大的，所以儘管因為幸福曲線的逆流很強，每個人的反應結果仍會不同。

在我修改後的公式中，四個條件有兩個（S和T）是不受個人控制的。關於我們對生活和態度的選擇（V）這部分則完全在我們的控制中，第四個部分（C）則一部分我們可控制，一部分不受控。我們人生的挑戰之一，就是控制和改善我們的生活環境，所以我要說的並不是宿命論這麼單純（「你對自我的幸福是無能為力的，因為它就存在你的性格中」），也不是斯多葛學派的論點（「好好控制你的情緒和態度，因為其他的你無法作主」），當然更不是說「只要採取正面積極的態度就能獲得自己想要的幸福」這麼簡單，我並非如此草率地以中年的情緒危機和暗流來總結。

我所闡述的觀念是非常重要的，甚至可說是基本的，但都未曾得到社會學和科學界的適當重視。本書接下來的章節會逐步說明。

時間至關重要。我們不可能讓時間倒流，也無法改變自己的年齡，但我們能從個體和群體社會兩方面來瞭解時間效應，並適應時間帶來的改變，藉此讓自己更幸福。我們可以更聰明的方式來看待在柯爾的〈人生之旅〉中的沙漏（也就是時間）。

前三幅畫中，沙漏都一直在航行者的視線範圍內，但是他並沒有特別關注它。嬰兒太小，不會注意到時間，年輕人只看著空中城堡，中年人望著天空。在第四幅畫中，沙漏不見了，被努力划船的動作給打翻了，航行者這時已經來到人生的終點。一路上航行者總是只看著眼前的事物，他應該多多留意時間的。也許我們都該如此。

各國的幸福曲線比較

時間的流逝是無可避免也無法抗拒的。時間流失的速度，每個人都一樣，然而為了更瞭解幸福曲線，還是需要區分一些差別。除非我們是以光速運行，要不然，時間是絕對的概念，但衰老是比較微妙的相對現象。

就一件簡單的事來說吧，每個人的衰老速度就不太一樣。像我們在參加高中或大學同學會時，每個人在心裡多少都會比較誰老得快，誰看起來比實際年齡老了十歲或年輕十歲。有些五十歲的人比他們年輕時只喝啤酒、吃披薩過日子那時更有活力也更健康，有些人則因為背痛、膝蓋痛而失去了往日的活力。

還有，我們自認為自己幾歲，不只取決於我們的身體狀態，還得看我們期待自己可以活到幾歲，以及周圍人的壽命和他們的活力。在貧窮、醫療水準不高、營養狀況很差、勞動過度、人民平均壽命都不高的國家中的五十幾歲人民，看起來就比現今美國五十幾歲的人要老很多，因此我們大可以說，在美國，五十歲就是「新四十歲」。再來看中國，人民的平均壽命從一九六〇年代的四十多歲增長到如今的七十多歲，僅僅兩代的時間就增加了三十多歲，這是人類史上驚人的成就之一。這其中很大的原因要歸功於嬰兒和兒童的死亡率下降。雖然在一九六〇年代的中國人並不會在四十三歲就死去，但是在現在，四十三歲的人和一九六〇年代四十三歲的人比起來，還是有很大的差別。和時間不同的是，衰老是一種社會概念。

當我說時間關係重大，或在幸福公式中加入時間的因素時，我其實是把兩件不同的事混在一起了，究竟是哪個時間概念形塑了U形曲線？是隨著時代和文化改變的相對概念的「衰老時間」，還是絕對概念的時間？答案是兩者都是。

關於年齡和幸福感的關係，我們可以在人類的近親——靈長類中找到時間（這是指以時間計算的年齡，而非社會年齡）真的關係重大。因為猿猴類並不知道自己幾歲，也不會慶祝生日或是有退休這類的事，所以他們受到心智狀態的影響非常小。在所有物種中，只有人類從出生就開始計算年分，並用不同的方式標示年齡的增加；只有人類的頭腦裡裝著「預期壽命」的統計數字，並用它來計算自己還有幾年可活；只有人類熱中於和別人比較誰老得慢，這就是為何在平均壽命八十歲的社會裡，五十歲的人，和平均壽命為六十歲的社會中的五十歲者比起來，要年輕多了。

由此我們可以斷言，你所生活的社會也會影響你的老化速度和幸福感受。在前一章我們提到分別生活在兩個半球和三個不同國家的黑猩猩和猩猩，有些生活在動物園裡，有些生活在庇護所裡，但牠們的幸福曲線看起來幾乎一模一樣。理所當然地，牠們受到收留和不錯的照顧，牠們沒有理由在乎自己身在哪個國家。所以如果日本的猩猩出現中年危機，而澳洲的不會，這才讓人覺得奇怪。但人類就不是如此。

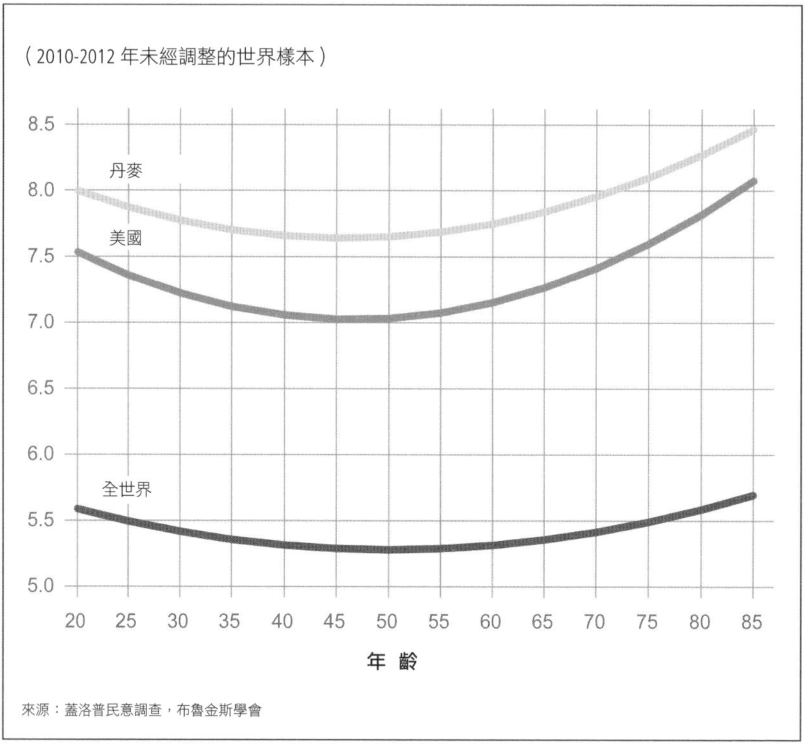

4-4　**不同年齡的生活滿意度**

上圖4-4是卡蘿・葛拉罕和米萊娜・尼可洛娃根據蓋洛普民意調查資料進行分析所得出的結果。

圖中最下面那條曲線是世界平均幸福曲線，在這裡將它和美國、丹麥兩國的幸福曲線進行比較。整體呈現的模式相同，但是曲線的每個階段，美國人的幸福滿意度比世界的平均值要高。雖然到了中年，幸福滿意度開始下降，但你仍然會希望自己是四十五歲的美國人，而非二十歲或七十歲的其他國家的國民。對於這個現象我們應該不會太驚訝，畢竟美國是個相對穩定、富裕的理想居住地。

圖中最上面那條曲線代表丹麥人民的幸福曲線，整體來說仍是比較幸福的。斯堪地那維亞半島是全世界最幸福的地方，根據「世界幸福報告」指出，世界上最幸福的八個國家有六個位於該區，分別是丹麥、瑞典、芬蘭、冰島、荷蘭、挪威。

不同國家和地區會有不同的「年齡－幸福曲線」的模式，不同國家的幸福曲線底部也會落在不同的年紀上，從這裡也可看出成年後早期和晚期生活之間的關係。

下頁圖4-5是四個國家或地區的幸福曲線，同樣來自卡蘿．葛拉罕和米萊娜．尼可洛娃根據蓋洛普民意調查資料進行分析的結果。

在每條曲線上的星星代表曲線底部，也是轉折點，生活滿意度在這裡觸底反彈。圓點代表該國或地區的平均壽命，在這個資料裡，美國和英國看起來差不多，他們的文化和經濟背景相似，會有這種結果也不意外。拉丁美洲和加勒比海地區的模式也差不多，但是整體滿意度比較低，應該是該地區的人比較窮困的關係。這三個地區的觸底反彈轉折點都落在四十多歲左右。

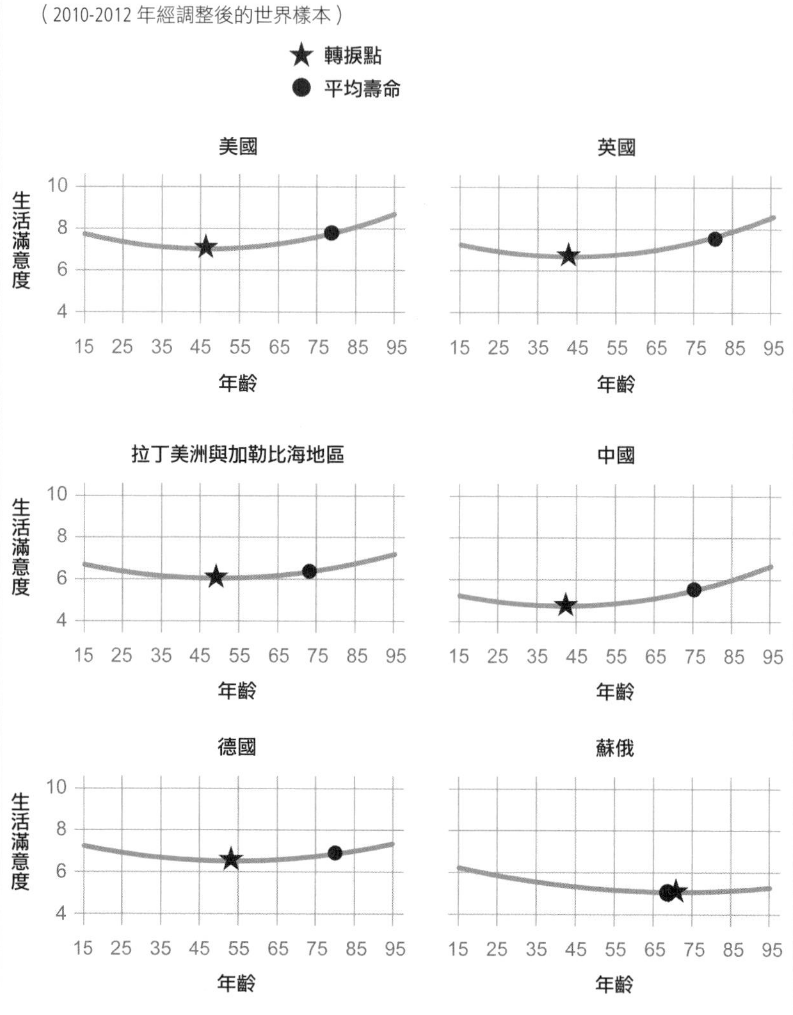

來源：蓋洛普民意調查，布魯金斯學會

4-5　生活滿意度與年齡的關係

中國的生活滿意度也是另一個低度國家，但是後來的谷底轉折卻明顯陡峭，雖然，整體來說中國算是不幸福的國家之一，但也是隨著年紀增長而提高生活滿意度非常明顯的國家。

而德國是一個很不一樣的例子，它算是相當幸福的國度，根據二〇一六年「世界幸福報告」指出，德國的幸福排名是全世界第十六名，但德國的幸福設定點有些不同，因為它的幸福曲線直到五十歲才觸底，平均來說，德國人的人生歲月幸福感下降的時候比上升時多，不過我們無須對此感到同情，因為他們較不利的幸福曲線軌跡被較高的幸福感抵銷了。

那麼，你比較願意生活在整體幸福感較高的地區，還是幸福感上升的時間比較多的地方？不管選擇哪個，就是不要選俄羅斯。根據二〇一六年的「世界幸福報告」，俄羅斯的幸福指數是世界第五十六名，它的幸福曲線一直到死都沒有低點反轉，非常低的幸福感和遲遲不見反轉的曲線軌跡，簡直就是悲劇的代名詞。

幸福的水平和幸福曲線之間是有關連的。不久前卡蘿．葛拉罕等人審視了二〇〇五至二〇一四年，蓋洛普世界民意調查對大量人口進行的調查，並分析了四十六個國家的數據，除了兩個國家外，在這些國家中都發現了U形曲線。她們進而把這些國家分成三

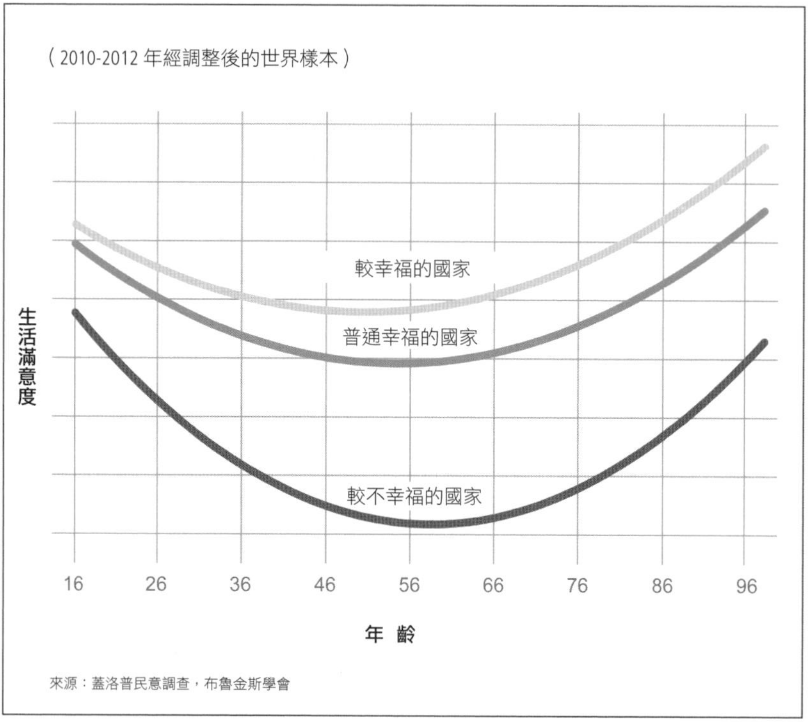

4-6　生活滿意度與年齡的關係

組，最幸福、中間組和最不幸福組。最後，她們察看每一組國家的轉折點，即觸底反彈的年紀，發現轉折點出現最早的是在最幸福的國家（四十七歲），在最不幸福的國家則轉折點出現得最晚（六十二歲）。也就是說她們發現了「富者更富」的現象。在幸福國度裡的人民，不僅生活滿意度高，且幸福感上升的時間也比其他國家多，因為他們較早度過了中年低潮的低點。右頁圖4-6顯示出這個關係的原理。

這種模式既適用於個人，也適用於國家。越幸福的國家觸底反彈上升的時間越早，他們也就有越多時間享受較滿意的生活，造成這樣的原因還不知道，但是關於幸福的結果似乎既不合邏輯也不太公平：人生的暗流似乎更容易找上需要幫助的那些國家。

幸福和年齡的關係，在不同的地區有不同的呈現，這個結論告訴我們一些重要的事，那就是，不管發生什麼事，生物機制和遺傳還是占了一部分原因，因為如果幸福曲線不是先天注定的，就不會出現在那麼多的數據資料中，這其中還包含猿猴類。但它又不是完全都由生物學和遺傳所主宰，因為基因不會因為國家的不同而有所差異，所以幸福曲線一定和時間有關，也和衰老有關。

但這裡有個大問題：這其中一定存在著某種複雜的東西，那麼是什麼呢？

第五章

幸福的陷阱

四十六歲的安東尼認為他的人生已經到達頂端了，他最好的日子已經離他遠去。或是他自己這麼認為。

不過他很可能錯了，我敢打賭他最好的日子還在後頭，只是他並未意識到這點。因為人生來到幸福曲線低點而毫無原因地覺得不滿足，常會使我們在事情快要有轉機時，放棄做得更好的努力，這是個詭計，而安東尼中計了。

我們是欠缺樂觀，還是幸福？

安東尼是位專業人士，我在某些社交場合碰過他，當他填寫生活滿意度調查問卷後，我注意到一條從二十幾歲就開始向下滑的曲線。這原本沒什麼特別的，但是當我看到他用「高峰」來形容他的四十幾歲時，我決定跟他聊聊。

他告訴我，他在學校表現出色，二十幾歲時開始獨立生活，後來遇到未來的妻子且訂婚了。但是到了三十幾歲他開始面臨現實的考驗，他找不到在他專業領域的工作，和老婆搬了兩次影響重大的家，其中一次搬家時，他和妻子的父親剛好都不幸分別過世，他們的生活變得困難。安東尼說：「在那之後，我像機器人一樣地活了一年。」悲傷一年後他重新步入正軌，但不是回到以前的正常狀態，「父親的去世對我的影響是永久的，我把它形容為『童年的徹底結束』。」他說。

在三十五歲左右，安東尼的事業獲得改善，他和妻子都找到理想的工作。但是到了四十歲出頭，他的生活再度停滯不前，「現實就是這麼殘酷，顯然我已經到了自己的極限，不管是智力還是創意方面，我都無法再進步了。說白一點就是我已經江郎才盡了。所以有一段時間，大概一年到一年半左右，我感到非常沮喪。」

不過當我採訪安東尼時，他的沮喪期已經過了好幾年，他給自己當時的生活滿意度打了八分（滿分是十分），這和他三十多歲時的滿意度一樣。他說現在覺得自己很幸運，但在我看來，他只是適應了「最好的日子已經逝去了」這個概念。他已經認命，接受自己不可能成為行業中頂尖人物的情況，也接受自己日漸衰老的現實。此外，他也在服用降膽固醇的藥物，某天他在報上讀到某個跟他年紀差不多的人死在跑步機上的新聞時，他想：也許下一個就是自己。

那麼，他還是覺得自己已經到頂了嗎？「當然，我已經來到人生的中場，而且身體和腦力都提早衰老了。」我問他能否想像重新獲得二十多歲時的活力和滿足感？他斬釘截鐵地說：「不可能，那是進步成長快速的時期，我認為不可能重現，況且我也沒時間了。」

安東尼並非不幸福，但他正努力適應自認為越來越黯淡的前景，他覺得自己獲得外在成就和內在滿足感的能力正在減弱。並不是說這種情況很糟糕，而是情勢看起來沒有好轉的跡象，他所欠缺的不是幸福，而是樂觀。

在採訪完安東尼過後幾天，我接著採訪年輕的德國經濟學家漢那斯．史瓦登（Hannes Schwandt），如果我能在採訪完他後再和安東尼交談，那我就可以把以下的話說給他聽了。他說：「因為安東尼變得越來越悲觀，所以他會覺得自己已經到頂了。但他的悲觀很可能放錯地方，他的情緒高峰尚未到來。」如果史瓦登是對的，安東尼應該是最值得驚喜的人。

人到中年，會修正年輕時過高的期待

某年春天，我去普林斯頓大學採訪史瓦登，我和先生在社會科學大樓的大廳裡等他，他熱情地歡迎我們，並帶我們參觀校園，期間不時查看手機。他的語速快到幾乎讓人跟不上（他說的是英語，不是他的母語）。最後我們來到他小小的辦公室，他和另一位研究者共用這間辦公室。

正值三十歲出頭的史瓦登身材修長，禿頭，長相出眾，正準備前往瑞士的一所大學擔任教授，年紀輕輕的他所達到的成就，是許多博士後研究員所夢寐以求的。

史瓦登出生於德國漢堡，在慕尼黑求學，一開始是從事企業經濟學的研究生專案，但很快他就感到厭倦了。他喜歡數學，但更感興趣的是改善社會，而不是獲得更多利潤。「我的專業領域，是在花稍的數學公式上投入大量時間，但對現實生活卻知之甚少。學校裡有宏觀經濟學和有關失業的課程，但我完全不瞭解失業。我跟教授說，也許我們應該研究一下失業的歷史，但他說如果沒有公式就無法思考。」

史瓦登也曾考慮過乾脆放棄經濟學算了，但是命運之神讓他打消此一念頭。當他讀到一篇理查·萊亞德關於幸福的講稿時，他獲得啟發。萊亞德是幸福經濟學的先驅，史瓦登非常贊同他的方法，也認為把幸福經濟學留給其他學科去研究是很奇怪的事。因為人們做出的理性選擇裡，很少是對自己的福祉有利的，「其實我們所做的選擇裡很多都不利於自己，但是我們表現出來的偏好並不會告訴你這點。」他說。

還有，如果認為人們對自己福祉的選擇錯誤只是偶然，這種想法也是大錯特錯，實驗證明，人類的不理性不是隨機的，而是系統性的錯誤。諾貝爾經濟學獎得主兼心理學家丹尼爾・卡尼曼（Daniel Kahneman）及其同事傑克・尼奇（Jack Knetsch）、理查・泰勒（Richard Thaler）在一九九〇年做過一個著名的實驗：人們願意出三美元買一個杯子，但如果把杯子送給他們，幾分鐘後別人要出價到七美元才能從他們手裡買到這個杯子，就好像杯子屬於他們之後價值就增加了。人們厭惡失去自己擁有的東西，即使能得到更好的新選擇也一樣。既然人們總是會出現「稟賦效應」[1]，那麼他們也會放棄透過「向上交易」來改變命運的機會，至少根據傳統經濟學家的定義是向上的。事實證明，人類被這種偏差困住了。

二〇〇七年史瓦登還是博士生一年級的時候，就開始思考人們對生活滿意度的期待是否合理，而生活滿意度則是幸福感的核心。「人們對於生活的期待可能並不符合這個想法，我持開放性的態度，且認為這是個可以繼續研究的題材。」他說。

他根據指導教授的建議，開始鑽研德國在一九九一年到二〇〇四年將近十五年間，一項長期追蹤橫跨東西德兩地同一組人的調查數據，這樣就可以進行不同政治、文化背景的比較。其特殊之處在於，這項研究不僅詢問他們的生活滿意度，還詢問他們對未來五年內生活的期待。透過比較期待值和之後的實現程度，可以發現人們最初的期待是否合理及準確。結果不僅發現有跡可循的存在模式，而且這個模式男女都適用，也不受地域限制（東西德都有），亦同時存在於個人和群體之間。就算在會嚴重影響人們生活的經濟衰退期間，又或變更收入和人口統計的數據，這個模式依然存在。

剛開始，雖然史瓦登明白這很重要，但他還不是很確切知道重要性何在。那時他已經知道幸福曲線的存在，也對這個無法解釋的現象充滿興趣，然而有段時間他回歸到比較主流，以及與健康及幸福有關的經濟學研究上，畢竟當時他沒有得到足夠多的鼓勵。「這是我讀博士期間的第一個項目。我記得自己把這項研究結果展示給一群宏觀經濟學家後，他們都嘲笑我，認為我做這項研究很荒謬，他們問我怎麼會有人關心預期的生活滿意度呢。」

不過，有一位經濟學家並不認為他的研究是荒謬的，那就是在第三章提到的安德魯．奧斯瓦德。

他們在一次會議上結識，原本短暫的早餐變成了兩個小時，兩人相談甚歡。後來，史瓦登繼續對生活期望和現實進行比較，並於二〇一六年在《經濟行為與組織雜誌》（*Journal of Economic Behavior & Organization*）上發表〈未實現的抱負可以解釋幸福

1 譯注：endowment effect，人們會僅僅因為東西是自己的，便認為它比較珍貴。

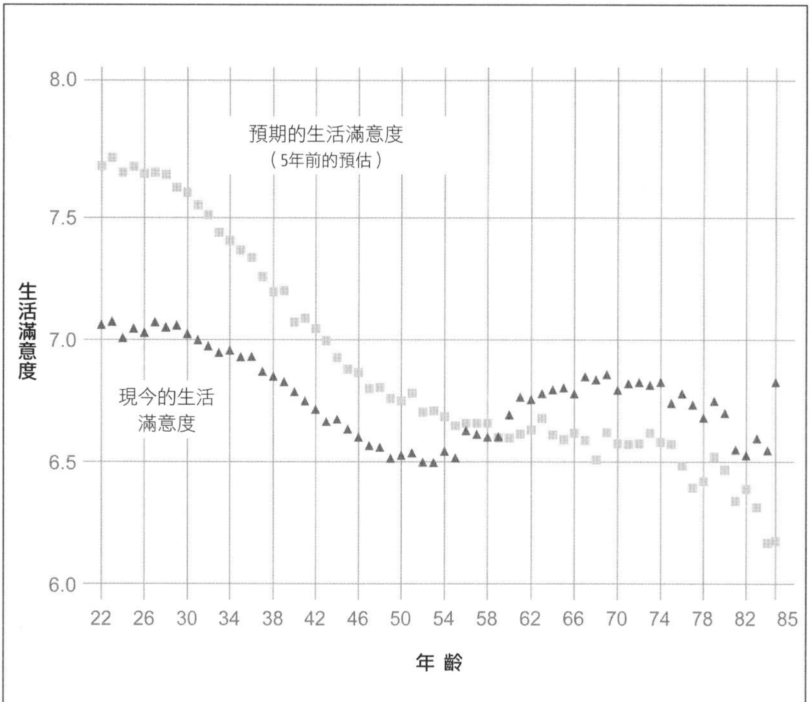

來源：漢那斯．史瓦登

5-1 不同年齡對於當前和預期生活的滿意度

的U形曲線〉一文。

圖5-1就是奧斯瓦德在史瓦登的論文中發現的圖表，這讓他感到無比興奮。

這張圖表顯示介於十七歲到九十歲之間受訪的德國人，為自己目前的生活滿意度和未來預期的滿意度打分數之結果。〇分代表完全不滿意，十分代表非常滿意。三角形表示在不同年齡層人們真正的滿意度，而正方形則表示他們預期五年後的滿意度，將三角形和正方形連成的兩條曲線進行比較，就能知道他們在現實和預期之間的差距了。

當三角形的線比四方形的線低時，表示人們對自己的生活感到失望；而當三角形的線比四方形的線高時，人們會覺得驚喜。例如，二十五歲的人預期他們三十歲時的生活滿意度大約七．五分，但當他們真的到了三十歲時，他們的滿意度只有七分，也就是說他們的生活並不如預期中幸福，也可說他們對後來的生活感到失望。

其次是，年輕人總是高估自己將來的生活滿意度。他們在二十多歲時對未來的預期滿意度大約會高估百分之十。隨著時間消逝，過度樂觀會消失，也許是因為太常失望了，又或許因為冒險犯難、身強體健的日子已經遠離，所以他們的期望值降低了，下降到六．五分。雖然下降明顯，但並不是大災難，人們沒有因此憂鬱，只是變得現實點。

再來看看五十幾歲這段時期。U形曲線開始向上升，期待值下降的趨勢已經結束，預期和現實的差距越來越小，然後開始翻轉。在中年晚期之後，生活滿意度沒有下降反而提高，但是預期值已經降到新低，因此在往後的二十年，每一年所帶來的不是失望後悔，而是驚喜。人生的暗流仍在，但已經轉向了。年輕時的錯誤期待所造成的痛苦，如今已經往好的方向改變。

回饋效應：不滿足的惡性循環

上面提到的預期差距和翻轉非常明顯，一眼就能看出來，但身為經濟學家的史瓦登，必須以數學方法來找出兩者的相互關係。期望和現實的差距可以表現出我們個性中的特點，而這也有助於解釋為什麼很多人（包括我在內）在中年時會感到困惑，有陷入困境的感覺。

這項研究並未要求受訪者為未來的生活狀態打分數，也沒有「你預期未來五年的收入會是多少？」「未來五年你的健康狀態會多好？」或者「你未來的工作會多好？」這類客觀的問題。相反地，它會問人們預期未來五年的生活滿意度，然後再問他們實際的感覺這類主觀的問題。失望和遺憾會讓我們產生不滿的情緒，而不滿又會增加失望和遺憾。

調查結果很容易以數學來建立公式，史瓦登為此寫出了一個等式，稱為「回饋效應」（feedback effect），非常適用我們所觀察到的結論，它能合理解釋為何有的人本不該不滿的情緒卻感到不滿，然後又對自己的不滿情緒感到不滿。

史瓦登向我解釋了這個等式後說：「假設你正處在中年不滿足的狀態下，或是狀況變得很糟，人生充滿危機和挑戰，你會覺得憂鬱。但是當你知道回饋效應後，你會如釋重負地說：『原來就是這個原因讓我感到憂鬱』，然後你可能開始願意告訴別人你的不快樂情緒，而別人也能明白原因。」

這個數學公式即使在隨著年齡而改變的環境機制中，也能解釋得通。換句話說，此公式展示了向下的漩渦暗流會不受影響地存在我們的生命中，所以沒有經歷過重大危機或動盪的人，又或生活一直都過得很好的人，也常會受到回饋效應的影響而感到不滿足。「期望未成真而產生的遺憾，增加了預期滿意度與真實滿意度之間的落差，而這種差距又導致更多的失望和更低的滿意度。」以此來說明我在四十五歲時的感受是再恰當不過了，那是一種沮喪困惑的狀態。

史瓦登的公式有助於解釋為何經濟學家在排除了生活環境的因素之後，幸福曲線還是會出現，也就是為何年齡會不受影響地獨立存在於其他條件之外，始終和中年時較低的生活滿意度相關。相較而言，較不受客觀環境影響的人，反而容易陷在回饋效應的循環中。

我們可以把這種莫名的失望，當作是雅痞或是先進國家人民的無病呻吟（雖然幸福曲線也出現在許多開發中國家），我自己就是這樣想的。因為我的幸運和機運讓我覺得自己沒有權利抱怨，而我的不滿足讓我的自尊心下降，我不喜歡自己，更羞於告訴別人自己陷入低潮困境。

諷刺的是，雖然從道德或是客觀的角度來說，這種不好意思是很合理的，因為大家都不喜歡愛抱怨發牢騷的人，但是這種不知足的羞愧，卻會引發自己產生更多的不滿和失望。我們從小就被教導不懂感恩的行為是可恥的，而這個根深柢固的觀念更加速史瓦登所謂的「失望迴圈」。細數自己的幸運在道德上是很值得鼓勵的行為，我在四十歲左右時就這樣做，也很高興自己當時這麼做了。但是當我知道史瓦登的等式後，大大地解開了為何當時我做了卻完全無效的原因。我那時不斷告訴自己應該要知足了，而這又讓自己對現實滿意度和預期滿意度的落差感到失望。

現在你明白回饋效應的特點了吧。中年的低潮可能跟任何事都沒關係，這個事實很令人困擾。我想到我的一個朋友，賽門，四十五歲的他，人生軌跡跟別人差不多：二十多歲時活力充足，三十多歲時全力朝著目標衝刺，四十歲時動盪不安，生活出現一些困境。不過他在自己的專業領域裡取得了成就，常出現在主流媒體上。「我可以說幾乎完成了我想做的每一件事。」但他知足了嗎？「不，我感到精疲力盡，有時我覺得自己是個把事情搞砸卻可以逃之夭夭的混蛋，我曾想過離開這裡跑到巴西，改名換姓當個飯店櫃檯就好。」他的不滿足令他既困惑又苦惱，而且不只是在情緒層面而已，還深入精神層面。

他告訴我：「我想這一定是心理的問題，我把人生當成必須戰勝的挑戰，而不是可以享受的冒險，如果深入分析我的心理狀態，我會說沒有任何東西可以滿足我，可能我的內在心理出了問題。」

「我一定是哪裡出了問題。」這是陷在回饋效應中的人會說的話。

「認命」就是：不滿意，但只能接受

我們不再年輕後，現實和期望之間的差距逐漸縮小。或許你會認為這是好事，因為擺脫了不切實際的樂觀主義，失望就會減少。那麼為何中年時的生活滿意度卻一直下降呢？部分原因是因為回饋效應。史瓦登認為還有部分原因是因為他所說的「駝峰式遺憾函數」這個公式，就是生活滿意度等於「現今的環境」減去「過去因為錯失的機會所帶來的遺憾」。以白話來說，就是「失望是累積而成的」。

他解釋說：「當你還年輕的時候，並不會感到太遺憾，因為即使事情不是盡如你意，你會覺得還有時間可以補救。」當你只有二十五歲時，你會覺得失望只是路上的絆腳石，第二年情況就會好多了。但是如果第二年還是令人失望呢？（記住，這裡所說的是個人主觀的內心想法，而不是現實世界中真實發生的事）事情算不錯，但不如自己所預期那樣令人滿意。然後，接下來每一年都令人失望。過了一段時間，你會認為人生似乎就是這樣，充滿了失望。這種狀況會產生幾種效應。

首先，你對未來的生活期望降低了，而且下降得很快，因此你需要花很多心力重新調整自己的幸福期待值。其次，在你重新調整好期待值之前，你會面臨兩個問題，一是你對自己的過去感到失望，另一個是對未來的期望消失了。所以在中年時，過去和未來都為你帶來痛苦。

這恰好可以解釋為何四十六歲的安東尼雖然不憂鬱，卻覺得自己的顛峰已過。他發現自己想要的東西都得到了，但並沒有帶給他預期的幸福感，而他已經認命了，這暗示在未來當他的體力和腦力都衰退時，他還會有更多的失望。所以他以目前的狀況所得出的結論，來預估未來的情況，那就是：最好的時候已經過去了。不過他無法預知，何時現實的情況會好過自己的預期，當現實狀況和期待值交叉並反轉時，正向回饋會取代負面的回饋，驚喜會取代失望。漸漸增加的生活滿意度和感恩會讓人們對生活更滿意，也更感恩。

所以，經過現實的洗禮之後重新調整自己的期待，會產生令人滿意的結果。不過，真正的解決之道還是想辦法忍耐過去。在這樣的過程中並不會有真正的創傷，只是我們必須處理大大小小不等的不滿足和過大的期望所帶來的失望。這是一種磨練，也是我們人生的課題。

當我問賈斯伯他對生活的想法時，他說自己已經「認命了」。我跟他是在社區的健身房認識的，在認識我之前，他就曾看過我寫的關於幸福曲線的文章。

他剛滿四十歲，覺得自己正一步步邁入幸福曲線的低谷。二十多歲時，他很快晉升為正式律師，那段時間，他充滿幹勁，樂在工作，覺得未來希望無窮。到了三十幾歲，他覺得律師這行會把人的靈魂給吸乾，他不是好丈夫，和老婆生不出小孩。因此他做了調整。他離開競爭激烈的律師行業，回到學校任教，也接受了夫妻倆無法有下一代的事實。現在，在他要邁入四十歲時期的年紀，是一家牙醫診所的管理者。他希望這是暫時的工作，他的目標是希望可以教書、寫書，以及寫一些他想寫的東西。

既然他對未來有這麼多的規劃，為何他還會說自己已經認命了呢？「我想，我們在四十歲時會遇到與在二十幾歲時預期的未來大相逕庭的現實，也會用全然不同的眼光加以看待。當然一部分原因是我們變成熟了，變得更自我覺醒，因為我們接受了自己，包括自己的缺點、失敗和成功。從這點來看，我很感激因為人生經歷所帶來的智慧。但是有時候我也很懷念過去那種對人生有著簡單、天真、樂觀的看法，雖然我知道這種樂觀在某種程度上需要忽略生活中的現實。」

賈斯伯正在告別史瓦登所說的錯誤預測階段，也就是柯爾所描繪的〈空中城堡〉。他懷念過去懷抱「覺得未來充滿希望」的高期待，即使他知道當初的這些期望誤導了他。客觀地說，他正在自我調整，把生活帶向更接近自己價值觀的方向。但是主觀上來說，他對未來生活滿意度的樂觀期待也正在「衰弱」，而這種衰弱本身就是一種遺憾。

樂觀偏誤是失控的正能量

思考史瓦登所謂的預期落差時，我腦海裡自然出現一個問題：「為何會出現這麼大的預期錯誤？」關於這個問題是有答案的，只是我們必須從經濟學、大數據、史瓦登的專業領域，轉到心理學的領域來探討——我們心智的結構和組織。

出生於以色列的塔莉．沙羅特（Tali Sharot）是倫敦大學的認知神經科學家，她主掌倫敦大學裡的情緒神經實驗室，這個研究中心主要研究情緒如何影響人的認知和行為。她著名的研究成果「樂觀偏誤」（optimism bias）（她有本著作就是以此為書名，並獲得英國心理學會二〇一四年好書獎），提到積極的預測錯誤並不是生物學上的錯誤，而比較像是由大腦內建的。雖然它會誤導我們，讓人陷入絕望，但我們的生存茁壯也需要靠它。「除非我們對自己說『今天我可以過得很好，我會把事情做得很好』，否則我們很難說服自己起床。」她對我說。

在二〇一一年發表於「當代生物學」的論文中，她這樣描述關於樂觀偏誤：

「我們會期待更高的起薪和更多的工作選擇機會，但結果往往不是這樣；人們常會低估一項專案必須投入的時間，和他們所需的花費；我們也都預估假期會多采多姿、會很愉快，但事實上我們都是虛度；我們也常期待在未來的一週會有更多好事發生（例如收到禮物或是去看一部好電影），結果並沒有。」

在不同領域以不同方式研究，得出下列這種一致性的結果，那就是：百分之八十的人都會有樂觀偏誤。樂觀的錯誤預估似乎是不可或缺的天性，不管是什麼種族、性別、國籍和年紀。

人們會預估未來有好事發生，期待自己會有高於平均值的壽命和健康，低估離婚的可能性，並高估事業成功的可能性等諸如此類的好事，即使沒有任何證據支持這樣的期待。

那麼，如果人們有了正確翔實的資訊，他們還會有這種樂觀的偏差嗎？在一項實驗中，沙羅特詢問受訪者幾個關於未來會發生各種壞事的可能性（例如遭遇搶劫和罹患癌症），再將答案記錄下來，之後再告訴他們這些事發生的機率，然後再問一遍同樣的問題。實驗結果顯示，相較於負面消息，人們比較擅長吸收正面的消息，這就是沙羅特所稱的「好消息／壞消息效應」。

如果我們可以掃描人類的大腦，將會發現正面和負面的資訊似乎是在不同的腦部區域進行編碼，壞消息不只是好消息的反面這麼簡單而已。沙羅特發現將磁能對準腦部某個部位，就可以消除樂觀偏誤。這說明人類天生重視積極正面的事，會屏蔽消極負面的事。這種現象不僅出現在人們的情緒中，我們基本的認知功能也有此傾向。

大部分人大多數時候都是如此，但也有例外。有些輕度憂鬱症患者可以準確預估自己的將來。他們跟沒有憂鬱症的人一樣樂於接收正面訊息，但是他們對負面訊息卻更靈敏，因此也更實際。「他們看到世界本來的樣子，」沙羅特在《樂觀的科學》（*The Science of Optimism*）這本書中寫道：「換句話說，如果人腦沒有產生不切實際的樂觀機制，那麼有可能我們每個人都是輕度憂鬱症患者。」事實上，天生樂觀的生物不只有人類，實驗發現，一些鳥類、老鼠還有其他生物也具有這種樂觀傾向。

那麼為何大自然讓我們產生偏差的樂觀，但我們卻不斷地失望呢？或許是現實主義對我們有害。希望能使我們感到安心，減輕壓力，增進身體健康，這些都是樂觀的優點。如果在其他條件都一樣的情況下，樂觀的人通常活得更健康更長壽。樂觀主義也會讓人成功。樂觀精神會為企業家創業帶來啟發，即使成功的機率很小，但他們的內心都曾這麼想過：我嘗試創業，我相信自己會成功，雖然結果失敗了，但我還是很高興自己抱持不考慮實際狀況的衝勁去嘗試了。

樂觀偏誤這個概念已經得到科學的證明，但是我們不確定它是否與年齡有關，一些跡象顯示它與年齡有些關係。似乎在中年時樂觀偏誤也會進入低谷。沙羅特在《樂觀的科學》中寫道：

「不管是哪個年齡層，人們都很輕易就接收了好消息。不管是九歲、四十五歲還是七十五歲都一樣。但是關於壞消息的接收則和年齡呈倒U形的曲線。我們在童年時，逐漸被灌輸要學習接收壞訊息，並建立起相關的信念。（例如學到「糖果對身體有害，雖然我很喜歡糖果」）這種對負面訊息的接收到了中年時達到高峰，然後隨著年齡增長慢慢減少。

也就是說，人到中年特別容易受到所謂的『憂鬱現實主義』的影響，也更容易從困頓中學到教訓。」

我問沙羅特：「為何憂鬱現實主義在中年時更為普遍？」

她認為，可能是年齡到了，也可能是中年時的高壓力造成的，因為壓力和焦慮會降低樂觀偏誤；另外還有個很明顯的原因，那就是人們會從過去的經驗中學習；但也可能以上的原因皆是。甚至還有其他的原因：年輕人擁抱世界，冒險犯難，這樣有助於人類的延續；成熟之後懂得調整，這同樣也有益人類。

研究結果並沒有暗示中年人是憂鬱的，中年人還是有樂觀偏誤這個特質，只是明顯減少了。他們接收了憂鬱現實主義的想法，不再傾向過分樂觀、想達到更高的期望，相信賈斯伯一定同意這點。

心智整合，駕馭心中的大象

我的日記和現實生活證明，當我在賈斯伯這個年紀時，日益下降的樂觀精神也讓我很不安。

我三十多歲時日子過得很平順，沒辦法有小孩這件事我也接受了（我常上演如果我是同志，和如果不是同志結果會是怎樣的內心戲），我的事業很好，身體沒毛病，經濟沒問題，沒有失敗的經驗，我覺得自己的沮喪是暫時的，很快就會過去，畢竟我沒有任何理由不好啊！

最後在四十五歲時發生了一件事，讓我開始覺得情況有點不同。這件事是天大的好事。我已經習慣自己缺乏競爭意識地過著低調的記者生涯，所以當我獲得「美國國家雜誌獎」時（此獎項相當於雜誌界的普立茲獎），我非常驚訝，但也覺得驕傲和感恩，還有一點成功的感覺，這些感覺大概持續一週，最多兩週。

然然後，怪異的是，不滿足的情緒像是有自己的想法似地再度回來，一切又恢復尚未得獎前的樣子。那時我已經體認到，這揮之不去的失望顯然已經變成我的一種人格特質，那就是總是在獵取那些令人不滿的事，如果沒有不滿足的事可以發揮，就自己捏造。

面對持續且不理性的失望，我開始懷疑自己是否有知足和感恩的能力。但是，它如何作用在我的身上呢？為何那些真實的成就都無法改變我對自己的看法？那時我並不知道，問題不是出在我的身上，而是出在我的「大象」上。

強納森．海德（Jonathan Haidt）對於自己的職業生涯一開始是充滿厭惡的，如今他已經是紐約大學的心理學教授，關於直覺方面的研究，他是世上數一數二的創新專家，他指出直覺是情感的總和，塑造出我們的理智和認知。

海德出生於一九六三年，在高中後期深受他所謂的「存在主義式的憂鬱」所苦，他認為沒有信仰的生活是毫無意義的人生，於是他向哲學尋求答案，最後發現還是心理學比較有趣。

大學畢業後他在華盛頓的美國勞工統計局工作，內容是寫電腦程式。他那擅長綜合的大腦，把他所有的興趣融合在一起後，推動他走向道德直覺的實證研究。他選了一個很少人研究的題材作為論文主題：厭惡。他的博士論文題目是：「道德判斷、情感和文化，或吃了你的狗是錯的嗎？」

他發現像「厭惡」這種直覺的情感對理性的影響，遠大於理性對感情的影響。「我在道德心理學中重要的觀點是：留意你的直覺，理性就會隨之而來。」他這樣說道。此外，海德把理性思維比喻成「騎在大象背上的騎師」，這個比喻如今已非常有名。

歷來，人們都是以馬和騎師來比喻情感和理性。騎師駕馭馬，但卻忽略路上的蛇和隨時可能出現的意外。這和海德的發現有所衝突。他回憶道：「我在單身時常常會在約會時犯下大錯，但即使我知道自己所作所為是錯的，也知道正確的做法是什麼，還有錯誤背後的心理，但下次還是會繼續犯錯，我就是控制不了自己。」

顯而易見，如果他的實驗對象需要騎馬，那一定不是溫馴的馬。「大象很聰明，而且體積龐大，我覺得自己像是個小男孩騎在巨大的大象上，如果大象沒有自己的想法，那麼男孩叫牠往哪個方向牠就會往那個方向，但是如果大象有自己的想法，牠就會去自己想去的地方。騎大象的人，只能給大象要去的地方找個合理的解釋，又或是沮喪地隨著牠走。」

對海德來說，大象代表自動、無意識的過程，而騎大象的人代表有意識、受控制的思維。但無意識與佛洛伊德所提的潛意識不同，它不是由罪惡感、禁忌、童年創傷所組成的「污水池」，而比較像是個意識捷徑，讓我們每天生活能輕鬆地進行，因為我們實在沒有時間和能力，在日常生活中為每次的行動和決定停下來思考，覺得噁心我們就直接拒絕，不需要決定是否要觸摸或食用可能會有危險。這和有意識控制的過程是不同的，自動的過程會不請自來，也不會因為疲倦就慢下來，更不需要意志力和專心，你察覺不到它的運作，只會注意到行動。例如你覺得某人很有魅力，你只是心裡產生一陣「哇！」的悸動，雖然我們會覺得某人有魅力是經過大腦神經無數的計算的結果。

四十五歲獲得新聞獎的時候，我這個「騎象人」非常高興，所以我對「大象」說了一些激勵的話，我說：「太好了！這是我終身的成就，是我事業成功的證明，別再悶悶不樂了，開心點，保持快樂的心情。」

那麼為何大象沒有一直快樂下去呢？我向海德提出了我的疑問。他反問我一個問題，他問我有沒有看過〈二〇〇一太空漫遊〉（二〇〇一：A Space Odyssey）。

「當然看過。」我說。

「電影裡誰駕駛太空船？」
「太空船裡的電腦ＨＡＬ。」
「ＨＡＬ的目的是什麼？」
「完成任務。」
「那它會關心其他的組員是否快樂嗎？」
「嗯⋯⋯不關心。」

海德認為，大象的任務並不是讓我們對自己的成就滿意，它的任務是讓我們能夠在地球上延續人類的生命，大象特別關心你的威信。「大象是我們在進化過程中為了完成任務而創造出來的，幸福並不在它的任務範圍中。」他這樣說道。

如我們所見，大象偏執地傾向樂觀，也偏執地傾向失望。海德在二〇〇六年出版的好書《象與騎象人》中，列舉了大象如何破壞騎象人享受成功的各種努力，其中一個就是「進步原則」（progress principle）。我們在一生中設定了許多生活目標：地位、友誼、找到好伴侶、累積資源、養育孩子，繁衍子孫等。等我們達到目標的精神獎賞卻是一劑多巴胺，它通常也不是發生在我們成功實現設定的人生重大目標，而是在我們採取某些短期的積極步驟時。

「告訴你一個強化的小技巧，那就是通常在行為發生之後的幾秒鐘內，強化的效果最好，而不是在幾分鐘或幾小時之後。」海德在書中寫道：「大象每往正確的方向走一步就會覺得開心，也就是說，追求目標的過程要比目的地重要。設定了我們想要追求的目標後，大多數的快樂都來自過程，來自邁向目標的每一步。經過長途旅程後卸下沉重背包的時刻，往往比成功時更令人激動。」

進步原則就是：快樂是來自朝著目標前進的進展，而不是最後目標的達成。對我來說，或者對多巴胺系統來說，「贏得獎項」和「卸下沉重背包」的感覺完全不一樣，它短暫得令人驚訝，只是在人生道路上踏出的一小步而已。

那麼是什麼目標呢？一旦達到目標，我的「大象」又會迫不及待，要求我朝新的目標前進，但我根本不知道那是什麼目標，這就是「調適原則」（adaptation principle）。「我們不只是『習慣』而已，而且是『重新調整』。我們給自己創造了一個充滿各種目標的世界，只要實現一個目標，馬上就換下一個，達成一些目標之後，我們的目標就會再提高點。經歷重大失敗後，我們的目標則會下降。但不幸地，『騎象人』並不知道這個祕密。」海德解釋。

不管發生什麼事，你都可能適應它，但是你並不會事先得知，因為人類並不擅長預測情緒，無法正確預知未來會有什麼感受。通常我們會高估情緒反應的強度和持續時間。有個出乎我們意料的實驗就顯示，無論是中彩券的幸運兒和下肢癱瘓的不幸者，平均在一年內都會恢復到原本的基礎幸福水平。

從「大象」的角度來看，這種不停地校準可以讓人自我調適，去適應現實社會中不斷變化的環境。從「騎象人」的角度來看，他想要好好享受自己所獲得的成就，但是這個不斷重新校準的系統卻無法讓他如願。

當我們把調適原則與人們平均的幸福指數相結合來看，還會發現先天的遺傳因素還是占有非常重要的地位。另外有個驚人的可能性我們也不能忽略，那就是：從長遠來看，發生在我們身上的事都不重要。

海德提到：「如果這個說法正確，那麼我們都被困在所謂的『享樂主義的跑步機』上，我們掙扎的同時，也想盡辦法在各種競爭或遊戲中獲勝，我們總是想要更多。我們不停在輪子上跑啊跑啊，像是關在籠子裡的倉鼠一樣。」

此外，關於第二章裡所提到的「社會競爭的跑步機」，海德也有所描繪：

「大象為了在人生的競爭中獲勝而演變成現在這個樣子，是大自然物競天擇的結果，而它獲勝的技巧之一，就是為了獲得別人的好印象，讓人佩服，並提升與之相關的層級。大象關心的是聲望，而不是幸福，它永遠期待著別人來發現什麼是聲望。

即使在其他地方能找到更大的幸福，但大象仍然堅持追求自己的進化目標。

如果每個人都在追逐有限的聲望，那麼所有人都會陷在一個零和的競賽中，一場持續的軍備競賽，一個即使財富增加也不會帶來幸福的世界。」

我必須承認，在獲得獎項之後，我因為自己的名聲提高而快樂了好一陣子，現在想起這件事還是會讓我快樂。但是我的「大象」總是看著社會階級的上方，而不向下看，很快就接受了成功，並開始調適自己往下個目標前進。

我想起我曾經歷的困境，便對海德說：「大象似乎把讓我們不好過放在最先處理的優先事項裡。」但海德不贊成我的說法，他說：「它們不是為了讓我們痛苦而存在的，而是為了激勵我們成功而設計的。知足常樂的人生態度不會讓我們成功，知足就意味著你可以休息了。」

不過，這並不是說我們會一直處在不滿足和失望的狀態下，正如海德所強調的，重點不在於我們要減少說服「大象」要知足，而是要創造一個大象和騎象人兩者所想都能相近的環境。一個讓人能持續感到滿足的環境，需要具備的要素為：高信任度的社會環境、良好的健康狀況、足夠的收入、對生活有相當大的掌控權，最重要的是，需要強而有力的社會連結和支持。

我問海德，大象的比喻是否也影響了他的生活方式，他說：「當然！我不把自己的生活和心智當成是一台機器、一項專案，或一座需要建造的城市，我盡量給自己多一點經驗和歷練，然後讓時間去發酵。我認為生活就是要訓練並教育大象及騎象人，讓它們齊心協力工作。」

同樣的中年，不同的故事

生活在我們的記憶中就像一幅偉大的畫作，會隨著光線而改變。

回想起我在二十歲時，第一次在美國國家美術館欣賞湯瑪斯．柯爾四幅著名大作時的情景。對年輕的我來說，柯爾畫作中的童年天真而真實，青年時的壯志凌雲也很真實，站在成熟的山丘上的我雖然沒有明確的方向，但也想要揚名立萬。

那時的我不會知道後來的科學研究發現，也沒有預知的能力，知道自己的事業會一帆風順，會找到真愛結婚（雖然和我當初期望的不太一樣），還會擁有我需要感恩的一切事物。但是柯爾畫中的空中城堡呢？也許那閃亮且難以捉摸的宮殿，並不是我們希望達到的物質和理想等客觀目標，也許我們希望獲得的是像「幸福」這種主觀的目標。畢竟在〈生命之旅〉中，旅行者從頭到尾都是一個人，沒有別人，沒有城市，沒有社會。有一種說法是，柯爾對於生命中社交生活的重要性過於天真和忽略，另一種解釋是他描繪的並不是真實的生活情境，而是心理層面，暗喻我們終將會孤獨一人的內心世界。或許他想表達的是，我們的內心河流將與滿足感漸行漸遠，而湍流和峭壁就在我們的內心世界。

柯爾是個有遠見的人，且他的年代離我太遙遠了，所以我無法確切看出他在畫中要表達的內容，但我可以說（或者準確地說：我能看到的是），二十歲時的我搞錯了。我在年輕時就很確定，到了中年時，我在客觀條件上會比年輕時還好，而這個預估是準確的。但當時的我還做了另一個預測，就是我的生活滿意度會隨著成就而提高，而這個預估則與事實不符。

我的確很高興也感恩自己的成就，但和自認為「應該要滿足」的狀況相距甚遠。我不再像過去那麼樂觀，老是跟比我高的社會階層比較，還有「享樂跑步機」以及我的「大象」所要的花招，這些在在都使我不滿足。再經過時間的累積，這種種原因便引發我光靠意志力所無法擺脫的失望感，讓我在四十多歲期間陷入了回饋效應的陷阱中。

如果柯爾生活在現代，相信他需要再為他的〈生命之旅〉添加第五幅畫，就加中年和老年之間（待會再回來討論這部分）。

首先，我想說說關於幸福曲線中最有趣的部分（也是最令人不舒服的部分），那就是中年時期。史瓦登所描繪的曲線在中年時呈現交叉，現實和期望的差距縮小了，失望似乎會很快結束，但又似乎會繼續下去。現實已經來到，但不算很深入，這裡就是幸福曲線的底部，也是塊危險的區域。

不過重要的是心態，不要把這段未完成的過渡期看成是危機，至少不要持續這麼看待。在前述諸多專家學者研究的關鍵重點在於：幸福曲線代表幸福是持續不間斷的。隨著年輕時的樂觀偏誤逐漸減少，我們的失望便慢慢累積。事實上，正如史瓦登的數學公式所解釋的負面回饋機制：即使沒有客觀的干擾和情感的誘發因素，我們還是會感到越來越失望，所以，所謂的中年危機並沒有抓到問題的重點。

要瞭解在這個轉換的階段發生了什麼事，為何人們的感受會差那麼多，我們來看看我所採訪的三個人的故事：藍迪、瑪麗安、瑪格麗特，從中也許能略知一二。

中年故事之一——暫時卡住的人生

四十四歲的藍迪就是一個因為曾經一帆風順，而他的失望感受因而特別強烈的好例子。

他的情緒是健康的，外在條件不錯，選擇也都很明智，這些都足以讓他過舒適的生活，但是他的感受卻完全被年紀效應左右。他實現了事業成就的目標，他的婚姻幸福，有個傑出的兒子，但是這些卻沒有帶給他滿足感。他處在幸福曲線的下坡路段已經好幾年了，可能接下來的好幾年也還是這樣，現在他已經接近幸福曲線的底部，是黎明前最黑暗的時刻，永無止境的失望籠罩著他。

當我問他怎麼定義自己的四十幾歲時期，他回答「疲憊、認命」。我問他為何認命呢？他說：「我做了十幾年同樣的工作，我所從事的職業領域正面臨驟變，現在都在裁員。我覺得我能做的改變有限，這些事注定都會發生的。我在二十幾歲時，會想做什麼就去做，勇於嘗試新事物。但現在如果我想要保有現有的生活形態，住在好房子裡、能供養小孩上大學、全家人去度假等，我就必須一直待在收入不錯的公司裡，做著自己不太喜歡的工作，這就是我所謂的認命，我已經沒有什麼可以嘗試的空間了。」

「是否有幻想過逃走？」我問他。

「當然啊！我曾想過去墨西哥度假，在優美的湖上划獨木舟，欣賞夕陽，晚上看星星。我還想過要搬到墨西哥去住。」他有時也會幻想提早退休。「我還要這樣過二十年嗎？每天早上六點起床，做我一直不想做的工作嗎？我真不想，於是我就想像還能做什麼其他的事。」

「你是否正值中年危機？」我問他。

「我確實正當中年，但是我覺得危機應該是種突然出現又能馬上解決的狀況，應該有更精準的字詞來形容我這種持續性的狀況。」他回答。

他認為幾年後自己的生活滿意度應該會上升，也許從六分上升到七分。不過下一秒，他就體認到自己的樂觀預估似乎有點強迫自己硬要如此。「我盡量讓自己保持樂觀，因為如果不這樣就沒辦法繼續過同樣的生活。不管如何，我已經訓練出強大的內在力量，來處理這類問題。」

在我看來，與其說這是樂觀，不如說是頑強地繼續戰鬥下去。

藍迪的例子讓我想到漢那斯．史瓦登曾說過的話：「一方面你對自己的過去感到失望，另一方面也對未來期望破滅，所以中年時期你的過去和未來同時讓你覺得悲慘。」但其實藍迪一點都不悲慘，當我看到他和他鶼鰈情深的妻子，以及興高采烈的十一歲兒子的互動時，我知道他並沒有憂鬱症。當他說他覺得自己很幸運時，我相信他真的是這麼認為。他正處於疲乏的關卡，過去累積的失望席捲而來，而未來則還在轉彎處，尚未到來。

中年故事之二——因為苦難而更懂感恩

瑪麗安的狀況則和藍迪大相逕庭。瑪麗安是四十四歲學有專長的職業婦女，中年時她遭遇一連串可怕的災難，之後她變得比一般人更實際，也更容易接受事實。為何會如此？我們來看看她的故事就不難理解了。

在瑪麗安的母親罹患癌症後不久，她也被診斷出罹癌，幸而只是誤診。但過不久，她又被診斷出罹患另一種癌症，這次就沒那麼幸運了。她先生則罹患一種難以治癒的罕見疾病，接著她公公去世了。

「我遭遇了中年危機。」她告訴我，「發生這麼多重大的事，都說明了我的中年危機在我四十多歲時來臨，我突然意識到死亡，這讓我覺得自己老了，未來不會再有什麼成就了，這些都是中年危機的特徵。我簡直就是中年危機的教科書。」

瑪麗安的感覺就比較難解釋了。她用「焦慮」、「反思」、「感激」這幾個詞來描述自己的四十多歲時期。為何經歷了這麼多不幸之後她還會有感激之心呢？她和先生現在都恢復了健康，過去的那些磨難使她重新設定自己的期望值。「一旦度過艱苦的時期，再回頭看當時，心裡會想，老天啊，我的生活多麼精彩啊！」每當她坐在戶外享受好天氣時，都這麼想著。

在坎特里爾的階梯評量表中，她給自己目前的生活打了七分，而她給二十幾歲和三十幾歲的自己打了八分，不過七分也很高了。對於未來，雖然她知道不會再像過去那麼刺激精彩，但她也已經做好心理準備，心裡平靜許多。「雖然我不覺得自己有多老，不過未來應該不會太出乎預料。我並不排除發生重大改變的可能性，只是我不再期待了。」

這樣好嗎？我問她。她給我一個中庸的答案：「沒有人喜歡衰敗，但是我不再為此生氣了，我老了，不需要再為這種小事煩惱了。」

瑪麗安其實一點都不老，但是她老是說自己老了，當然她所說的「老」不是她實際年齡上的老，而是她在幸福曲線上的主觀位置。史瓦登曾說中年時的健康危機有助於人們理解和接受自己的失望，進而緩解情緒上的痛苦，保護自己不受負面回饋效應一再循環的影響。我並不是說瑪麗安的不幸遭遇有可取之處，但她和死亡擦身而過及苦難的過往經歷，讓她擺脫了不切實際的樂觀主義。家庭危機讓她在幸福曲線上抄了捷徑，更快到達曲線後半段成熟的現實主義階段。她和藍迪同年，但她的生活滿意度似乎比藍迪超前了十年。

通往現實主義的過渡階段聽起來似乎了無生趣又令人沮喪，但請鼓起勇氣面對吧！耗盡不切實際的樂觀想法，或許會過得很辛苦，卻能給生活帶來一絲清新的陽光。

中年故事之三——換個角度看世界

現在來說說瑪格麗特。她是澳洲人，剛過五十歲，已經過了幸福曲線的底部。她的四十多歲時期充滿了不確定又不穩定的變數，做過不少不適合自己的工作。那麼，她的五十歲如何呢？她用「勤奮」、「安定」來形容這個時期。

我進一步詢問關於「安定」的定義，才知道她所言的安定不只是安頓下來，還包括覺得滿足。她的工作依然不是那麼適合她，但也相當不錯，能讓她安定下來。

「我覺得我的工作夠好了，我已經逐漸接受工作雖然不是很理想，但還算是令人滿意的事實。」同時，她現在能在一些年輕時看不上眼的事情上找到樂趣和滿足感。例如她的首飾壞了，她就參加珠寶製作課程學習如何修復，此外，她還上了編織和縫紉課。「參加這些課程讓我覺得很放鬆，好像經過了一段充分的休息，感覺神清氣爽。這些課程運用了頭腦裡另一個不常用到的部位，讓我覺得平衡多了。」她說自己從沒有這麼快樂過。我可以感受到這些「不重要」的課程帶給她的快樂。她用「覺醒」這個詞來描述自己目前的生活。

瑪格麗特已經過了史瓦登圖上所顯示的交叉處時期，她的期望降低，也變得實際多了，而滿意度卻高得驚人。如果拿柯爾的畫來比喻，那麼她已經過了湍急河流的階段了。

更廣闊的天地就在轉彎之後

和賈斯伯、藍迪、瑪格麗特以及其他人聊過之後，我發覺找不到合適的詞彙來形容中年時豐富和矛盾的情感。醫學上的憂鬱、焦慮名詞不恰當，戲劇化一點的形容詞比如

「危機」也不合適，「不安苦惱」好多了，但是這只有一個面向，過於簡單，無法充分解釋中年時的狀況。

我從藍迪那裡聽到「宿命」及「認命」這兩個詞，從瑪麗安那裡聽到「接受」，他們兩人的說法有點接近，瑪格麗特所謂的「滿足」也表達出相同的意見。在藍迪的言談中，我聽到的是他在哀嘆逝去的樂觀；在瑪格麗特的陳述中，我感受到的則是放下野心，放下樂觀的包袱（也就是強納森・海德所說的「沉重的背包」）；而瑪麗安的談話則聽起來有點悲傷，但也有輕鬆的意味。所以這些受訪者的中年感受太複雜、太豐富，不是隨便就可以套進一套標準的情感框架裡。

我為寫這本書所做的調查或許不夠科學，但是它卻說明了我們中年時期特有豐富而矛盾的感情。在受訪者給自己每十年的生活滿意度打分數並給予定義時，他們對二十幾歲（有趣、刺激、充滿希望、不確定、滿足、冒險、有野心）和六十歲以後（快樂、滿意、滿足）的描述都很明確。但是在描述中年時期，卻混合了消極、積極、中性等用詞。處在幸福曲線的底部，似乎無法把生活的本質說個清楚，因為期望、現實、人格、選擇和年齡等因素交纏在一起地迎面而來。雖然情況錯綜複雜，但是有一點卻是不變的，那就是沒有人能看到在河流轉彎處等待我們的是什麼。

記住，中年時所減少的樂觀精神，關乎到我們對未來滿意度的樂觀看待程度。幸福曲線的持續下降讓我們習慣了失望，當然也就不會對未來有太高的期待。

老電影〈非洲女王號〉（*The African Queen*）的影片結尾有一幕著名的場景：主角的船陷在沼澤裡，視線被高高的蘆葦擋住，在幾公尺外就是開闊的水域，但是他們看不到，於是他們放棄了前進。幸福曲線正如這幕場景一樣，在轉彎處詭計多端地暗藏起來，有時候只要讓我們偷看一眼就能從中獲益，但是它偏偏躲在我們的視線之外。

柯爾的畫〈中年〉也表達出相同的觀點。從我們旁觀的角度來看，平靜的海洋就在不遠處，透過峭壁的縫隙就能看到，但是憂慮的航行者只望著天空，視線被高聳的岩石擋住了。

我們回來說說柯爾的〈生命之旅〉吧，如果它有第五幅畫那會是什麼呢？

一八四〇年時的柯爾透過中年時的不安湍急河流，看到了即將來臨的死亡。在〈老年〉這幅畫裡，船已經停了不再前進，未來不在這個世界，而是另一個世界裡。柯爾之所以會如此看待中年以後的人生，在他的那個年代是完全合理的，因為那時很多人根本活不到成年，美國年輕人預期將來的壽命只有六十歲，而柯爾自己就只活到四十七歲。

所以從他的角度看中年以後，除了死亡似乎也沒有太多可以期待的，他並不知道以後的社會在死亡之前，生命之旅的航行者還可以享受十年、二十年，甚至三十年充滿活力的幸福生活。

現今的我們就是生活在這樣的年代，至少對生活在有著良好醫療和收入的已開發國家人民是如此。現在的美國年輕人預期的壽命為八十歲，從理論上來說，我們應該可以見到柯爾看不到的事物。但事實上並沒有。那些覺得自己被困在史瓦登所謂「現實與期望誤差區」的人，被年輕時不切實際期待的錯誤預測所影響，也就是年輕時過度樂觀，而中年時又太過悲觀，再加上一次次失望的打擊，這些都是中年時生活會變得如此不堪的原因。

幸運的是，中年時的憂鬱現實主義其實並不那麼現實，往後的生活變得越來越好，而且還好很多。

第六章

破除厭老與恐老的迷思

二十歲出頭時，我正在美國國家美術館思考柯爾的畫帶給我震撼的同時，蘿拉．卡斯登森（Laura Carstensen）則住在醫院的骨科病房，身上有二十一處的骨折。

她過去的生活有點混亂，未來似乎也看不到什麼前景。沒人能料到，她未來會是世界頂尖的老化和幸福的專家。世事難料，住院的四個月讓她走上了科學研究的道路，並解開幸福曲線最有違直覺的謎題：衰老會讓我們變得更幸福。

我在卡斯登森所管理的史丹佛長壽中心採訪她。見面當天，她穿著黑色長褲，紅色皮衣，戴了金色同心圓項鍊和大大的圓形耳環，有張寬闊而友善的臉。雖然她具有顯赫的名聲，但她誠懇地跟我聊天，也對他人充滿好奇心。這樣的她，令人很難想像她年輕時曾經非常叛逆。

變老跟你想的不一樣

史丹佛長壽中心創始主任的卡斯登森，一九五三年出生於費城的高知識份子家庭，她有四個兄弟姐妹。父親是教授，母親為藝術家，但是她卻不喜歡讀書跟上學。「當時正在打越戰，那是個人人都反叛的時代，我們抗議一切可以抗議的事。」她十七歲就步入婚姻，這樣做也帶有一些抗議成分。「我知道離開家唯一的辦法不是結婚就是上大學，而我不想上大學。」她說。

婚後她做過服務生，當過話務員。十九歲時她的婚姻開始出現問題，之後生了個兒子，原本希望藉由小孩的出生來修復和先生的情感裂縫，但是沒有用，她還是提出了離婚，不過她先生不同意。於是她帶著剛學會走路的兒子搬回父母家住。最糟的是，一週後，她和朋友聽完音樂會開車回家時發生車禍，車子衝出堤防。她幸運地活了下來，但身體卻四分五裂。她在醫院的骨科病房住了四個月。「我的肺被刺穿了，眼睛暫時失明，真是可怕的車禍。」

住院期間，卡斯登森哪兒都去不了，而且和三個老太太住同間病房，非常無聊。她生命中很重要的男人，也就是她的父親，建議她選一位大學老師的課，然後他帶著錄音機代替她去上課，這樣她躺在床上也能聽課。她選了心理學，沒有特別原因，只是出於對人的興趣。隨著課程的展開，她上到社會心理學，這是一門講述人與人互動的學科，這激起了她的好奇心，她開始注意自己現在受到的對待和老年病患有何差別，她也想知道，究竟年老有多少是因為身體老化，又有多少是因為社會的對待而產生。

身體痊癒後，她對社會心理學產生極大的興趣，所以她上大學、讀研究所，一路開始她的學術生涯，一直在旁引導她的父親是生物物理學家。卡斯登森告訴我，她父親是她認識的人當中最聰明、最具好奇心的，她說：「他不相信事情的表面意義，他說在科學領域中，沒有比找出自己的錯誤更重要的事了。」當她開始學術研究生涯時，她想起了父親對她的忠告：她的第一項研究將毫無意義。

卡斯登森開始研究養老院裡老人的互動狀況，並預設將發現「互動最少的老人最不快樂」的事實，畢竟社交活動是情緒幸福的核心。但是她錯了，她發現互動最少的人心理狀況最佳。另外，她還有個令人驚訝的發現，「開始研究衰老時，我就像當時所有人的認知一樣，以為研究衰老就是研究身體機能的衰退和日常如何瓦解。我在教科書上讀到，老年人罹患憂鬱症的比例非常高，如果你活得夠久，終究會得到憂鬱症，我始終都認為『變老』就是精神疾病的一種，因此我在這種前提之下進行研究工作。」但事實是，憂鬱症在老年時期並沒有持續增加，至少沒有明顯的增長，除非所處的環境是令人憂鬱的。而且從情緒的角度來說，老年人的情緒反而越來越好。

雖然當時她並不知道，這個看似錯誤的結果，會讓她明白一件似乎不太可能的事：年老的確改變了我們，它改變了我們的看法，但這種改變讓我們變得快樂了，儘管身體機能越來越衰退。

不再為五美分的事，發五美元的火

我父親曾經說過，「變老不是膽小鬼可以應付的」[1]。他經常表達對衰老的恐懼，特別是害怕「老朽」的感覺。他那一輩的人，眼睜睜地看著自己的父母漸漸孤老衰弱，或者在氣味難聞的養老院裡終老，他們對老年的生活一點都不期待。

我父親在中年時經歷離婚的痛苦、獨自扶養孩子，以及打理法律事務所的壓力，在那些年裡，他特別容易生氣和擔憂，這是可以理解的，因為他接著又經歷了一次短暫且不幸的婚姻。不過，他在快六十歲時生活態度改變了，他變得比較放鬆，緊繃的性格也舒緩了些，對於這種改變他比任何人都驚訝。六十歲退休後他又活了二十年，這是他最幸福的歲月（雖然這段期間他的健康狀況不太好）。他一直到退休前都還是經常怒氣沖沖，但退休後就不再那麼愛生氣了，這對他自己和家庭來說都是好事。記得我曾問過他，為何很少生氣了？他想了一會兒說：「因為我不會再為五美分的事發五美元的

1　譯注：Growing old isn't for sissies. 這是好萊塢明星貝蒂・戴維斯的名言。

火。」

在我的調查中，大部分人描述自己每個時期的滿意度都跟我父親的故事大同小異，他們在六十、七十歲時都有意想不到的高生活滿意度。關於中年的描述，正如我在前一章所說的，受訪者多半使用「矛盾」、「高風險」之類的詞彙；反之，關於六十、七十歲的描述則是「快樂」、「滿足」、「滿意」之類的。像「挑戰」、「野心」之類的用語消失了，還有「壓力」也不見了。受訪者給六十、七十歲時打的分數最高，八十歲時稍稍下降些。我的調查方式或許不夠精準專業，但是不需要放大鏡仔細檢視也看得出來，人們在六十、七十歲時對自己的生活多半非常滿意。

某個下雪的清晨，我拜訪九十四歲的鄰居諾拉，之前我們並不熟，只是偶爾打招呼，那天我在她家詢問她對生活的滿意度。她是那種一直都保持愉悅心情的人，聽了她的故事才知道她也有艱苦的過往：小時候家裡很窮，沒水沒電，她先生在五十二歲時去世，退休後她一直不能適應無所事事的生活，之後她的孫子過世，她必須照顧罹患阿茲海默症的姐姐。她膝蓋曾經受傷，所以走起路來步履蹣跚，還曾罹患癌症，打橋牌時發覺自己頭腦不靈光了，就在幾週前她還發現自己犯了以前都不曾發生的錯誤。九十四歲的她身邊沒有多少還活著的朋友，她的牌友幾乎都走了，雖然她不宅但也走不遠，只要動個一小時就得坐下來休息。

這些老年失能、掙扎的情況正是我父親最不願看到的老年景象，雖然如此，諾拉對她老年生活的評價卻是「百分之百的滿足」，她給老年生活打了十分的滿分。她把自己長壽的原因歸為基因的關係。那麼她知足的祕訣又是什麼呢？「享受每一天，接受生活所帶給你的，不要煩惱擔憂。」這就是她的生活哲學。她並不是沒有過過苦日子，但是她接受了上天的安排，就像她所說的「不要太擔心」。

在我看來，諾拉的認命並不是被動或者被迫，而是對過去某個時刻、某天的回味。我們旁觀者客觀地看她的生活似乎比以前更緩慢、更空虛，但是她主觀上卻覺得自己生活得更豐富、更滿意了。後來再採訪她時，我不禁想，等我到她這個年紀時，是否也能如此平靜？幸運的是，大量的科學研究顯示，我能擁有這樣的心境機率還滿高的。

老化的四大真相

我這樣說，並不是保證所有人在八十歲時都會感到幸福，本書的重點在於：不一定所有人在晚年都會感到快樂幸福，這還是因人而異，我所說的是大勢所趨的情勢。雖然河流底下的暗流都是一樣的，但是在其上不是每次航行都一樣。

在我們人生的後幾年裡，人生之河還是暗潮洶湧，而研究的證據也顯示如此。我在前面幾章曾經討論過，經濟學家和心理學家的看法大相逕庭。經濟學家研究大數據後，發現幸福曲線在中年到達谷底後會開始不斷上升；但是心理學家針對個別的人研究，則認為沒有所謂的中年危機。然而如果從經濟學家研究的是「人生的暗流」，而心理學家是研究「個體的心理經歷」這個角度來看，那麼兩者的觀點並不矛盾，他們的看法都適用於中年期。

至於中年之後的數十年晚年人生，經濟學家和心理學家的看法倒是一致的，來自大數據和個體研究都顯示相同的結論。這個結果說明了我父親對衰老的看法是錯誤的，老化並不是情感和身體的惡化過程。

接著，我們來粗淺瞭解這些研究。

——大約五十歲之後，壓力開始下降

很多人發現了這個特點，包括我自己。當我要求受訪者描述自己每個十年階段性的感受時，二十歲時期與「壓力」相關的描述出現得很頻繁，到了三十歲左右增加更多，一直會維持到四十歲時期。但是到了五十歲時期，壓力出現的次數就掉到比二十歲時期還低，然後持續往下降。「忙碌」、「工作」這兩個詞出現的頻率也和壓力一樣。這說明了壓力會因為退休的關係而下降只是部分原因，壓力早在十年前，甚至更早就開始下降了，且是顯著地下降。

在和南加州大學心理學家亞瑟．史東（Arthur Stone）的談話中我深刻意識到這點，他是專門研究幸福曲線的專家，學的是臨床心理學，長年幫人解決因壓力、痛苦、疲勞及其他日常生活的挑戰所帶來的身心影響。他說，蓋洛普民調公司曾調查美國一百五十萬人的前一天是否感到壓力，結果和上述我所說壓力出現的規律非常吻合：一半或半數以上十八至五十歲的人的回答是肯定的（他們前一天曾感受到巨大的壓力）；從五十歲到七十歲，則大約下降了百分之二十，下降趨勢呈線性。在這百分之二十裡主要是有健康問題的人，且下降幅度非常明顯，速度和規律同樣也很驚人，在科學研究中這樣的模式很少出現。

於是他和另外兩位南加大同事察看了另外兩個非常標準的數據模組，結果也是一樣。史東告訴我，雖然數據資料更複雜，但是五十到七十歲的壓力水平同樣下降了。為了瞭解壓力為何急劇下降的原因，他們調整了二十個衡量標準的變量，幾乎所有能夠想到會影響壓力的因素（例如健康、孩子、婚姻等）都調整了，但是規律模式仍然沒變，事實上，反而變得更明顯，就好像光是年齡增長就能減少壓力一樣，也或許是某種未知的原因造成壓力變小。

史東自己也做了一個非正式的調查，他問人們是否願意回到二十歲時，只有一個人願意，其他人都說：「不願意，我想留在現在的歲數。」而且不管是哪種調查都顯示出驚人的一致性。

二——情緒調節的能力改善了

「年輕人常因情緒調節能力差而受苦。」蘿拉．卡斯登森綜合自己和他人的研究後這樣說。我們應該都還記得自己在年輕時的情緒起伏，高漲時很高昂，低落時很沮喪，極端的情緒變化雖然很刺激，但正如史東的非正式調查所顯示，很多人在經歷過那段歲月後都不願再回頭重溫一遍。

人的多變情緒會隨著年齡的增加漸漸穩定下來的部分原因，可能是人生的經歷增加了。「人們意識到他們隨著年齡的增長，可以從中學到一些經驗，這多少也讓情緒變得穩定些。」康乃爾大學的心理學家依蓮．威辛頓（Elaine Wethington）告訴我，「因此他們會告訴自己，別再為這些事苦惱了。」

隨著年齡增加而情緒變穩定，另外還有個原因似乎跟年齡本身，甚至是跟生物學有關，這個我會在後面探討。

三——老年人較少感到懊悔

在拿年齡來開玩笑的漫畫中，少不了脾氣古怪的老頭。不可否認，老年人也和年輕人一樣愛抱怨。但事實上，老年人對苦楚的抱怨其實和你想的不一樣。

幾年前，一群德國的心理學家決定研究處在成年期兩端的人（也就是年輕人和老年人）他們的懊悔狀況。這個研究小組由德國漢堡大學依普多醫學中心的史蒂芬妮·布拉森（Stefanie Brassen）主導。他們召集了三組的受試小組，第一組的平均年齡是二十五歲情緒健康的年輕人；第二組是平均年齡六十六歲心理健康的老年人；第三組是平均年齡六十六歲患有憂鬱症的老年人。在測試中他們必須完成一個任務，這個任務有點像是電視節目「讓我們來交易吧」中的遊戲，首先他們會看到八個神祕的正方形盒子，然後依序打開這些盒子，在這八個盒子中有七個裡面放有金塊，只有其中一個藏有「魔鬼」，這些擺放都是隨機的。挑中魔鬼的人會失去前面得到的金塊，受試者在每一輪的遊戲中得決定是要落袋為安，不繼續玩下去，還是賭賭運氣繼續玩。

大家都知道，失去一切會讓人沮喪。在這個研究中，研究人員會針對在遊戲中「輸掉一切」的人的大腦進行核磁共振掃描，還會測量受試者的身體反應。這項名為〈不要帶著憤怒回顧過去——在成功和不成功的衰老過程中對失去機會的反應〉的研究結果，發布在二〇一二年的《科學》雜誌上。報告指出，當在遊戲中失去一切時，情緒健康的老年人比情緒健康的年輕人表現出比較少的懊悔，而患有憂鬱症的老年人則表現得跟年輕人一樣容易感到懊悔。研究人員針對此結果提出的結論是：健康的衰老有助於人們接受自己無法掌控所有事實，但是憂鬱症患者則無法擁有此正向的改變。

四——老年人不容易罹患憂鬱症

一般人對憂鬱症的認識跟對老年人的印象一樣，充滿錯誤的刻板認知。

二〇〇二年精神病學家丹・布萊澤（Dan G. Blazer）調查分析相關資料後提出，跟中年人比起來，老年人罹患憂鬱症的比率非常低，通常只有百分之一至百分之四的老年人會罹患憂鬱症（憂鬱症在超高齡的老年人中則比較普遍，達到百分之十三）。回想奧斯瓦德和布蘭奇福勞的研究發現，在歐洲和美國的兩個州，服用抗憂鬱藥物最多的是四十多歲的人，和這個研究不謀而合。

隨著年齡的增長，我們應付憂鬱和逆境的能力也會跟著增加。「中年是各種壓力匯集的時期，證據顯示隨著生活壓力的減輕，主觀的幸福感會提升。而隨著年齡的增長，我們越來越能把不好的事放下，珍惜好事。」著名的幸福經濟學家約翰．哈利維爾（John Helliwell）曾如此對我說。

減少壓力，減少對生活中不如意之事的糾結，好好調節情緒相對更能克服生活中種種的難關。現在回想起我父親晚年的心理狀態，我認為他已經調節好自己的情緒，而壓力也隨之減輕。雖然他仍然有天生的悲觀性格，例如習慣性地在光明中尋找黑暗面，但他變得輕鬆自在了，也不那麼在乎一些事，這種改變相信在很多人身上也發生過。

老年人也低估自己的快樂與滿足

我在前一章中提過，中年時不切實際的樂觀精神會降低，這雖造成了我們對自己處境的種種不滿，但同時也為後來的驚喜先埋下了伏筆。我前面舉出關於情緒調節的證據，有助於解釋這種機轉：我們的人生經驗和神經系統的發展，出乎意料地提供了我們復原的能力，並使我們即使在面對充滿壓力和懊悔的狀況下，也不會那麼輕易感到壓力和懊悔。

不過，大量的證據顯示除了上述的原因外，還有認知的因素，這就是卡斯登森和其他研究人員所說的「正面效應」。相對於負面訊息，老年人會選擇記住更多正面訊息，而這個傾向則大大增加了正面情緒。

我在上一章提過的認知神經學家塔莉．沙羅特，就曾對這種正面效應加以研究。她在二〇一四年的論文〈更新版的樂觀偏執在老年時會增加〉中提到：「和年輕人相比，老年人記得表達正面情緒的表情多過負面的表情，對負面的自傳式記憶[2]比較沒感覺，對預期會損失金錢的事也比較少出現負面反應。」

老年人不會像年輕人一樣，對負面訊息執著不放。二〇一二年，卡斯登森和史丹福大學的同事安德魯．里德（Andrew E. Reed）在《心理學前沿》（*Frontiers in Psychology*）上發表一篇名為〈與年齡相關的正面效應背後的理論〉中指出，正面效應出現在工作記憶、短時間記憶和自傳式記憶中，甚至也會出現在「假的記憶」中。老年人在面對如單字表、情緒表情臉孔、難過或感人的圖片、與健康相關的訊息等各種資訊上，他們傾向於接收正面的訊息，對生活中的各種選擇也比較少懊悔。

還有，人們也會因為年紀漸老，對待他人也比較溫和正向。在一九九〇年代的一項研究中，卡斯登森和心理學家羅伯特·李文森（Robert Levenson）、約翰·高特曼（John Gottman），利用隱藏式攝影機把幾對夫妻相處的狀況錄下來，這些夫妻有的婚姻幸福，有些則不。根據科學家的觀察，和參與實驗者的心得，他們都認為，和中年夫妻相比，老年夫妻在相處上都比較少表現出憤怒、厭惡和好鬥性。然後研究人員把受試者的婚姻滿意度控制在相同的等級之內，這樣就能針對相同品質的婚姻進行比較，結果還是一樣。這顯示在衝突比較激烈的時候，老年夫妻比年輕夫妻更有可能適時表達愛意。

隨著這類的研究證據不斷增加，專家們得出一個影響範圍廣泛且驚人的結論，那就是：幸福會隨著年齡的增長而增加。

雖然正面效應不能讓我們每天都處在快樂的情緒下，但這確實是我們生活中非常重要的要件。二〇一三年有群學者指出，他們發現隨年齡增加而來的幸福感，大概和擁有大學文憑（而非高中文憑）的程度相當，教育是影響幸福感最大的因素。他們還發現，

2 編注：autobiographical memory，對於自身過去經驗或事件的記憶。

雖然身體衰老，親朋好友一個個離去，但老年人的幸福感不但不會減少，甚至還會增加。二〇一三年，法國的一項研究追蹤了近九百名七十多歲的老人，他們在設定教育、性別、健康狀況等條件下發現，隨著年齡增加，平均生活滿意度會呈現線性增長。卡斯登森和七位同事在二〇一一年發表的研究論文也呈現相同的結果：「直到七十歲，我們情緒的顛峰才會降臨。」

七十歲！我第一次讀到這段結論真的震驚極了。卡斯登森寫道：「年輕人總以為老年是充滿悲傷和失落的時期，但是證據所顯示的結果正好相反，就連老年人自己也抱持著這種悲觀的刻板印象。」

這就是所謂的「我很好，有問題的是你」症候群。即使對自己的生活非常滿意的老年人，也常認為大多數和他年齡相仿的老年人並不幸福。二〇〇六年有學者針對這個現象進行研究，他們將兩組人分為年輕組（平均年齡三十一歲）和老年組（平均年齡六十八歲），然後要求這兩組人分別對自己，還有對三十歲、七十歲這兩類群體的幸福感進行估計，結果當然是老年人比年輕人覺得更幸福。但不管老年人還是年輕人，他們都認為幸福感會隨著年齡而降低，每個人都高估年輕人的幸福感，也低估老年人的幸福感。

很多老人即使已經在超出他們預期的幸福中度過了十幾年，但他們仍然覺得這種幸福感只是暫時違反情感法則，是短暫的。

我曾採訪過一位八十四歲的老人，她仍然可以打網球，也對工作充滿熱情和興趣，但是想到未來的五年時，她卻感到悲觀，她說：「天啊，到時我會非常老，我無法想像那會有多可怕。」

作家愛蓮娜．庫妮曾說，「沒有『老年運氣』這回事，因為從定義上來看，老年意味著你的運氣已經用完了，有的人運氣比較快用完，但可以肯定的是，只要活得夠久，每個人的運氣都會用光。」這感覺有道理不是嗎？身體衰退、能力喪失，慢性病上身，最後死去，這樣一點都不有趣。不過，年齡、健康、幸福感的交互作用並不是我們所想得那麼簡單。

我們可以好好變老

我父親在七十七歲時出現了震顫症狀，醫生說這個沒什麼關係，但是我父親還是覺得沮喪難過。後來震顫狀況加重，兩年後醫生診斷他得了帕金森氏症。這對我們來說真有如晴天霹靂，而且伴隨帕金森氏症而來的是憂鬱症。幸運的是，醫生說我父親的帕金森氏症發展速度很慢，所以還有好幾年的時間可以活得生氣蓬勃，況且還有藥物可以治療。但事實證明，藥物對我父親的病情無效，他的病情惡化得很快。後來我們轉看另外一位神經科醫生，這位醫生給我父親的診斷是「多系統萎縮症」，這種病比帕金森氏症惡化得更快、更致命。

雖然我父親的身體狀況越來越差，但憂鬱症卻減輕了。他常常抱怨自己痛恨生病。但不知為何，在生命的最後階段，他每天心情都很好。就在他去世前一週，他變得很衰弱，不太能走路，但有一天他卻高高興興地問：「我們今天去哪裡玩？」他還打算去當地的博物館走走。

人類的復原能力非常神奇，不是只出現在絕望的情境下。加州大學聖地牙哥分校的老年精神病學家迪立普．傑斯特（Dilip Jeste）幾年前發現，他所研究的精神分裂症病患在老年時病情會好轉。隨著年齡的增長，病人對按時服藥反而變得很服從，精神病較少發作，也較少需要心理治療。這個發現很令人震驚，因為這有違傳統醫學對疾病發展的看法。

傑斯特想進一步瞭解，這個狀況是不是思覺失調症患者（精神分裂症）所特有的現象。於是他和一群同事針對兩百多名六十歲以上的非思覺失調症患者進行電話調查，他們要求這些人給自己的衰老狀況從一到十進行評分。雖然「好好變老」並不是很精準的形容詞，但是它卻能反映生活滿意度。而且，調查人們給自己的評分，反而可以成功預測他們在老年時的死亡率和發病率，顯然人們知道怎麼樣算是好好變老。

傑斯特告訴我：「我們發現這些人大多數都有一點身體的毛病，只是輕重程度不一。根據客觀的健康評分，我大概會給三到五分左右，但他們給自己的評分卻超過八分，大多數人都是七到十分左右，而且年齡越大，給自己的分數越高。」

後來，傑斯特重新再做一次這項調查，這次規模更大，他隨機挑選了一千三百人進行訪談，從五十歲到九十九歲都有，平均年齡在七十七歲左右，評估他們的健康狀態、焦慮和憂鬱狀況，以及記憶和認知功能的水平，結果和前一次的調查一樣，顯示衰老會伴隨著身體和認知的退化，但年齡越大者自我評定成功的分數越高。

這個結果讓研究人員不禁懷疑，難道是其他因素產生了影響？例如教育水準、財務狀況，或者種族等。但研究調查結果是否定的。成功的老人比較長壽，這得另當別論，而不是原因，即使越來越受到疾病或失能的影響的老人，對自我評價「好好變老」的分數也不斷提高。

我並沒有把老年或任何時期的體弱多病和幸福畫上等號。我的重點是，大多數的老人儘管羸弱多病，但還是出人意料地感到幸福。我曾閱讀過一份有趣的研究報告，是德國針對健康、衰老和幸福所做的研究調查。他們研究七十到一百零三歲的老人，發現健康變差了會減少正面的情緒，這是合理的狀況，但是在這些老人適應了自身的健康狀態後，再進行衰老對他們的潛在影響，結果發現，年紀大反而讓人變得更正面。糟糕的健康狀態抑制了衰老帶給人的不好影響；反之，衰老也抑制了身體變差的不好影響。也就是說，衰老似乎保護人們免於受到糟糕的健康狀況帶來的不良情緒影響。果真如此，那麼情形將會和我父親所假設的相反，亦即年紀大幫他克服了對衰老的害怕。

面對這種違反直覺的結果，接下來我們就要提出一個符合邏輯的問題：是否正面效應就是一種衰老效應？衰老的保護作用是不是因為老年人對現實的理解力衰退了？以我父親為例，他就不屬於這種，因為即使他的神經系統退化得很嚴重，但是他的頭腦依舊敏銳。卡斯登森發現，頭腦越敏銳的老人正面效應越強。認知能力受損也會減損其積極性。

二〇一二年時，加州大學聖地牙哥分校的心理學家瑪拉．瑪莎在〈老化大腦的情緒悖論〉一文中說明，儘管大腦因變老而產生許多改變，且大部分的改變都會讓智力降低，但是並沒有證據顯示腦部處理情緒的區塊有精神退化的狀況發生。此外，雖然老年人比較不容易專心，但是負面的情緒刺激卻很少讓他們分心。老年人對負面情緒刺激的接收和年輕人是一樣的，差別在於處理及消化情緒的階段，老人的認知系統比較著重在正面的事情上。顯然，我們失去的不是情緒的敏銳度，而是我們的生活不再輕易受到煩惱和挫敗的破壞。

或許，老年人正面情緒的產生是因為他們失去了情緒的界線，是否他們的感情變得麻木，所以感覺不到憂鬱或者快樂？答案是否定的。卡斯登森的研究顯示，老年人對正面和負面情緒的感受和年輕人一樣，只是老年人感受到負面情緒的次數變少了，時間也變短了。老年人生命中的暴風雨仍然強烈，但不常發生，持續的時間也不長，而且當暴風雨來臨時，老年人更善於掌控了。

令人費解的是，衰老竟然會對生活滿意度產生正面影響，也就是心理學家所說的「老化悖論」（paradox of aging）。我們都認為自己知道什麼事會讓我們快樂幸福，例如擁有長久光明的未來，例如事情都在掌控之內，或者有人注意你，覺得你是這裡最帥、最美的人。隨著年歲漸長，這些我們認為會帶來快樂的事情越來越少，但是我們卻越來越快樂。

前面的章節中有提到一些幸福悖論，例如幸福的農民和沮喪的富翁，以及享樂跑步機等。在這些悖論中，老化悖論應該是最重要的一個，因為這個理論闡述我們對感情發展軌跡的標準看法是顛倒的。也就是說隨著年齡增加，身體健康和心理健康並不是同步移動，而是相反的。為什麼會這樣呢？

老人更懂得活在當下

「這真的讓我感到震驚。」當我和卡斯登森在她位於史丹佛大學的辦公室時，她這麼告訴我。她回想起在一九九〇年代早期，她的研究結果不符合大家的設想，她所研究的老年人似乎對交友不感興趣，他們的社交圈逐漸縮小，但是很快樂。她擔心自己的研究會徒勞無功。「所以我拚命做實驗，試圖找出老年人社交圈縮小的病理解釋。但是所有的研究都沒找出答案，我想自己大概當不了終身教授了。」

結果是，她沒有找到答案，是答案主動送上門來。

她說：「當時我和住在老年公寓的一對姊妹受訪者交談時，她們告訴我自己的朋友紛紛去世了，認識的人越來越少。我告訴她們這裡住了不少人，可以嘗試去交朋友，但她們說自己沒有時間認識新朋友。

「我突然想到，這些年來，當我們在訪問受訪者時，很多人都跟我說過類似的話，例如我說『你為什麼不去交新朋友？為何不想開發新社交圈或拓展新視野？』他們總是說時間不夠之類的話。我很驚訝他們會這麼說，因為在我看來他們有的是時間啊，現在我才知道，他們說的時間跟我認為的時間不一樣，他們指的是生命，是還剩下的時間。我突然明白，在八十歲時交朋友是不切實際的，朋友的數量多寡沒有多少意義。」

是不是老年人的社交生活其實不是萎縮，而是調整了？是否年齡讓情感付出做了順序的調整？卡斯登森說：「他們感興趣的是他們關心和愛的人，對於那些過客並不感興趣，或是說不如年輕時那麼感興趣，這是選擇論。老年人對感情的投入仍有完整的能力，只是他們在對什麼事、什麼人投入上會更加謹慎選擇。

換句話說，或許我們在人生中的基本目標和選擇，會因為時間的改變而做出不同的抉擇，這些改變不僅是每日所做的事，還有我們對這些事的感覺和看法。一九九〇年代及之後的一系列研究中，卡斯登森和其他的研究學者開始針對這個假設進行測試，他們請不同年齡層的人想想，如果有三十分鐘的空閒時間，他們想跟誰見面，是家人、朋友、喜愛的作家，還是最近認識某個個性相投的人？結果發現，老年人壓倒性地選擇家人和好友，而年輕人的選擇則平均分配在各類中。

後來，研究人員又問這些受訪者，如果要橫越美國，臨行前只剩下三十分鐘，他們會選擇跟誰見面。這次年輕人的回答則比較像老人，他們大多偏向選擇和家人好友見面。研究人員再問他們如果知道自己還有二十年的生命可以活，他們會做什麼選擇？結果這次老年人的答案變得像年輕人，選擇跟陌生人或作家見面，和選擇跟家人朋友見面的人一樣多。

此研究還針對一九九七年香港移交給中共前人民的心態做了調查，那時有不少的新聞以「香港完了」作為標題。年輕人在這段期間所做的選擇也和老人一樣，希望把時間留給家人和朋友。但是在移交之後六個月，情況穩定了，人心也冷靜下來了，這種把時間留給家人朋友的狀況自然就消失了。

「當時間所剩不多，未來不甚樂觀時，這種效應就會出現。而這種效應的期限大約是六個月。」卡斯登森告訴我：「我有一些朋友在心臟病發後說，他們要離開所謂的競爭行列和社交圈，回歸家庭，以家人為重心。但是六個月後，他們再度回到競爭行列。」

她發現在二〇〇一年九一一恐攻後，美國人也出現類似的效應，年輕人暫時把注意力放在當下、放在更重要的人際關係上，而不是長期的目標。

此外，她還研究了感染和未感染愛滋病的男同志。未感染愛滋的男同志的選擇優先順序，和一般年輕人無異，但是感染愛滋且已出現症狀的男同志的優先選擇，則跟老年人一樣，而感染了愛滋，但還沒出現症狀的同志則介於兩者之間。（回想一下之前提到的瑪麗安，她的健康危機似乎讓她加速通過幸福曲線的底部。）

一九九〇年，卡斯登森等三人在《美國心理學家期刊》（*American Psychologist*）上發表了一篇開創性的文章〈認真對待時間：社會情感選擇理論〉，是目前關於老化悖論最權威的闡釋。作者提出監控時間是人類的基本行為。我們年輕時會學習新知、認識新朋友，藉此累積知識和朋友，以緩衝對未來的不確定感。「然而，當時間有限時，一些短期目標，例如和社會產生連結、得到社會的支持和情感的抒發，將會是排在最優先的順序。在這種情況下，我們的關注焦點就會從未來轉移到現在。我們將會把時間花在跟自身有密切關係的人身上，對感情的要求會更加個人化、更複雜。」文章中這樣提到。

我在我父親身上就看到這樣的改變。他從國中開始就和一群朋友每年都聚會好幾次，分享大家挑選的書籍、文章和詩歌，他們給這個聚會取名為「大聲朗誦」。聚會持續了七十年之久，這群人也保持聯繫超過了七十年，事實上，這個聚會對我父親和其他參與聚會者的重要性越來越大，可以說是我父親的「延伸家庭」。即使後來他病重，身體越來越虛弱，他還是會想盡辦法出席。這群老友變得越來越親密，也更珍視彼此，這個聚會對他們來說曾經是快樂的來源，現在則變成活下去的意義。

這與我們「老人只停留在過去」的刻板印象不同，其實他們比其他年齡層的人更注意此刻、當下。「老人大多關心此刻，年輕人則關心遙遠的未來」，卡斯登森和同事在共同撰寫的〈認真對待時間〉一文中寫道：「當人生所剩時間不多時，老年人會謹慎看待社交互動，以確保擁有高品質的情感生活。」例如老年夫妻會更懂得感恩婚姻生活中美好的一面，而忽略令人不快的事。

活在當下，接受生活給你的每一天，享受正面的果實，減少在負面情緒中徘徊；接受而不要反應過度，不要給自己設定不切實際的目標，把真正重要的人和事排在優先位置。這些話聽起來像是老祖宗傳下來的智慧，也是現代心理學教導我們如何在生活中尋求滿足感的方法。但是我們並不一定要年輕人或中年人這麼活在此時此刻，因為我們社會需要有野心的年輕人、企業家。不過，如果以社會情緒選擇理論[3]來解釋老年生活滿意度上升的原因，我們更容易瞭解，這也是卡斯登森的理論要告訴我們的——變老改變了我們的價值觀。

我問卡斯登森，人們是否會察覺到自己的價值觀會隨著年紀而改變，她的回答是肯定的。「如果你問他們的優先順序是否在改變，他們都深表贊同。不過這其間還存在著潛意識的空間，這種潛意識會改變我們設定目標的方法，還會改變我們如何感受日常生活。」卡斯登森說，這也可以解釋為何人們晚年的上升幸福曲線是那麼良善美好。我們越來越重視在情感上重要的目標，並減少對失望後悔的念念不忘。這個目標的改變也導致我們的潛意識傾向於關注正面消息。我們所見的幾乎都喜歡，我們喜歡的都是我們所見的。優先順序的改變和視野的改變也重新塑造了我們。

因此，我們找到了一個有可能解釋老化悖論的方式。為何當我們的身體越來越不聽使喚，但對生活滿意度卻會提高？卡斯登森在二〇〇九年出版的書《光明而持久的未來》中提出了解答，「老年人生活也有痛苦和失望，只是活到這個年紀，他們的眼裡是更多的甜蜜而非苦楚。」

不過，我的看法稍有差異，我認為我們的價值觀改變得比身體快。

3 譯注：socioemotional selectivity theory，人到晚年會將和他人建立緊密的情緒性連結，視為有生之日的首要目標。

社會需要對高齡友善的環境

我所採訪的一些老年人，雖然身體受限於退化和虛弱，但他們對晚年生活非常滿足，只是他們對這種滿足不太理解。就像處於幸福曲線谷底但開始逐漸攀升的人一樣，他們可以描述自己的主觀狀態，卻不知道怎麼解釋。

以詹姆斯為例，他曾是訓練有素的律師，現在已經退休了。八十三歲時他不得不推掉一些工作，也沒法參加會議，因為他無法避免犯錯，「我不能那樣工作，我不相信自己可以做得來。」旅行、攝影和參加公益活動填補了他退休後的空白，他也享受和一群朋友在一起，他們每週都會碰面，辦一些活動，稱自己為「同船人」。雖然已經年屆高齡，他還是追求事業上的成就感。「我喜歡每天接到很多電話，我不喜歡在地鐵上有人讓座給我，也不喜歡身體退化衰老，現在我在工作上的人際關係，不如我所期望的那樣多了。」他說。

然而當詹姆斯做坎特里爾階梯測試時，他給自己的生活滿意度打了九分，接近滿分。他告訴我，雖然生活中經歷了一些失去，但他覺得目前的生活沒有變得更糟，只是變得不一樣罷了。我問他何以這麼想，他說：「我自覺更有智慧了，而這部分超越了衰老帶來的無力感。」他接著解釋，「我不喜歡『衰老』這個說法，衰老代表著某種失能，理智上我知道誰都無法避免，但是情感上我卻不承認它，我也不覺得目前的某種失能對我的感受有多大的影響，它就像人生道路上的沙坑，你只要繞過去就好，而不是讓生活變得更悲慘。」

我的另一位朋友羅伯特今年七十九歲，不得已必須放棄滑雪，因為他變老了，但是山可不會衰老，不久後他又得放棄他最愛的運動——帆船。「我不得不花很多時間來照顧自己的身體健康。」他說。但是他給自己的生活滿意度打九分，比以前的分數都高。經過中年時期的掙扎和混亂後，現在他做著兼職的工作，可以自由安排自己的時間。他學會了放鬆，不再覺得有一大堆待辦的事等著他完成。我問他現在心情這麼好，是否出乎自己的意料之外，他肯定地說：「說實話，我從沒想過自己能活這麼久。」對他來說，現在每一天都是驚喜。

我可沒保證每個九十四歲的老人都會對每件事百分之百滿意，或者健康問題不會造成任何情緒影響，畢竟每個人的狀況都不一樣。我也不是說身體虛弱會讓生活變得有趣。我的意思是蘿拉・卡斯登森對衰老的看法是對的，我們社會整體及個人對這方面的看法都錯了。

在富裕且現代化國家裡的衰老，和過去的年代及落後貧困的國家的衰老是不一樣的。從二十世紀六〇年代起，美國人的平均壽命增加了將近十歲，從不滿七十歲增加到八十歲，這是了不起的進步。全球平均壽命的增長更是驚人，從五十歲出頭增加到七十歲出頭，增加了將近二十歲。這就好像是在多數人的六十歲壽命切了口，然後嫁接到另一段十幾年健康正面的歲月。

然而我們的職場、退休規劃、物質環境，似乎都停留在我們的健康快樂只能持續到六十多歲的時候。雖然如今的退休年齡幾乎都在六十多歲，但是大多數的人仍可以很有生產力地多工作幾年。現今的流行文化不斷傳遞出年輕人的快樂積極、充滿活力，是生命中最好的時光，到了中年時期則會遇到危機，老年時身體功能和情緒都會變糟。但事實上，年輕時期往往是情緒極端變化的階段，中年雖然過得辛苦，但卻是最佳的調適階段，老年時期則是所有人生階段最幸福的時期。

卡斯登森有時會想像一個和現在不一樣的世界，這個世界的人對衰老的預期和現實一致。但現在的社會對老人的看法是這樣的：「讓開，把空間騰出來給年輕人吧！」她說：「你無法單靠自己生活得很好，所以我們必須照顧你，但是我們也沒法好好地照顧你，因為我們也沒錢，所以不要占用所有的資源。」如果我們真正明白幸福和年齡之間的發展真實樣貌，就不會把老年看成是負擔，而是禮物。這個禮物能無條件地給予自己更多時間來實現自我目標、與所愛的人在一起，以及追求夢想。

我問卡斯登森，如果現今的刻板印象被翻轉後，我們的文化會翻轉到正確的那一個面向嗎？她回答說，在社會層面上，我們應該把老年人納進來，把他們帶回社會生活的中心，讓他們發揮才能，把他們變成資產，而非負債。在個人層面上，我們應該教育年輕人，讓年輕人知道這個人生階段的真實狀況，也就是當你年紀越大，身體會開始出現各式各樣的毛病，但你同時會擁有更多的智慧，也將擁有更多自由去關心對自己來說重要的事和人，去追尋自己想要的目標，而不是別人告訴你該去達成的目標。

卡斯登森描繪出這樣的前景後說道：「我認為這樣也許會讓人想要衰老！」

重塑不同的價值觀和社交偏好

到目前為止，我們瞭解到人到中年時，時間和衰老會和幸福作對，到老年時則角色對調，這改變了我們看事情的優先順序，重塑我們的價值觀，但是這種改變，卻沒有在我們人生中的任一階段事先通知，讓我們早做準備。

為何會這樣呢？我將在下一章中探討。現在只能說造物主似乎在跟我們玩一種深奧的遊戲。因為人類並非唯一會隨著年齡增加而改變優先順序的物種。二〇一六年，德國靈長類動物研究中心的朱莉亞・費雪（Julia Fischer）、蘇黎世大學心理學家亞歷山大・佛洛伊德（Alexandra M. Freund）針對巴巴里獼猴進行了研究。他們發現猴子年老時對社會互動仍然感興趣（年輕的猴子也會持續尋找年長的夥伴），但牠們會把注意力集中在少數的夥伴身上。也就是說，獼猴會隨著年紀增長對朋友越來越挑剔，似乎會在穩定的關係上投入比較多的時間，這和人類的老年人有著同樣的選擇性社交。

雖然這個研究還在初期階段，尚無法作為論證，但是它和人猿的幸福曲線研究結果卻是互相呼應的。它潛藏著一個事實，那就是當我們變老時，我們生理的本能機制會讓價值觀跟著改變，而人類獨特的心理和自我意識也會在其中發揮作用。就像幸福曲線一樣，老化悖論也是由生物學和心理學、人類本性和人類文化、絕對時間和相對時間互相影響而產生的。究竟它們之間是如何作用，又有哪個因素是主導地位，仍有待我們去發現。

二十多歲時，蘿拉．卡斯登森在讀研究所時，是一位離婚的單親母親，她能通過考試順利畢業嗎？她能找到工作嗎？研究所畢業後，她在印第安那大學找到工作，三年後又進入了史丹佛大學，她的人生至此一片光明。

但是當她在三十歲爭取終身教職時，她被告知她的研究項目跟心理學無關，雖然最終她還是取得終身教職，但是這項成就並沒有帶給她解脫，反而是更多的焦慮。她回憶道：「我的四十歲時期是最糟糕的，感覺一切都可能隨時崩塌。即使我知道自己很優秀，我出書了，獲得補助款，我的專業也獲得各方面的認可，但我還是覺得自己不夠好，我處在得不斷證明自己能力的壓力中。」

五十多歲時，卡斯登森的幸福曲線開始上升。「我認為自己會在五十多歲時穿過迷惘的迷霧。」她說。我們在聊這段話時，她六十三歲，感受到前所未有的快樂。

我問她：「如果你要申請補助，不是得接受評估嗎？而且也要應付批評及跟同事競爭等壓力嗎？」

她說：「人生到了這個階段，我可以明智地聽取別人的批評，但是不會讓這些批評像年輕時那樣在情感上傷害到自己。我現在覺得自己受到上天眷顧，在以前我是不曾有過這樣的感覺。」

「你到達顛峰了嗎？」我問。

「我現在就在頂峰上，我不擔心衰老，我只擔心身體的退化，不過也不是很擔心就是了。」

「從情感的角度來說，你不期望自己的生活變得更好嗎？」

「從情感上來說，我不認為自己的生活會更好了。」她說。

不過，她可能錯了。

第七章

熟年的智慧，
讓人自曲線谷底反彈

二〇一五年時，一位國際知名部落客突然關閉自己的部落格，拂袖而去，他就是安德魯．蘇利文[1]，當時他五十一歲。

急流勇退，享受生活

安德魯．蘇利文三十七歲時開始寫他的部落格——「每日上菜」[2]。在當時這種形式還是很新穎的發表方式中，人們在線上創辦自己的雜誌，發表新聞和觀點，偶爾也會有些怪異的報導。一些有名的記者也開始使用這個方式，但是蘇利文把它帶到新的層次。

蘇利文畢業於英國牛津大學，在哈佛大學取得博士學位，畢業後隨即展開他的記者生涯，不到三十歲就擔任華盛頓區最有影響力的《新共和》（*The New Republic*）雜誌的編輯。就算是在人才濟濟的華盛頓區，他的成就也是屬於明星等級。但是真正讓他有機會重塑自己的職業且出人頭地的是部落格。他在部落格上可以不經過審查或中介就上傳發表自己的意見、想法，直接跟讀者溝通。他擁有一批死忠粉絲，並建立了一個社群，進而在這剛開始發展且有無限可能性的新平台上，提升了自己的知名度和新的版圖。

他成功了！「每日上菜」成了美國人和許多國家的人每日必讀的內容。他開創了新的商業模式，在傳統的新聞媒體都陷入嚴重虧損之際，他的媒體卻是獲利的。但是，他卻毫無預警地關閉網站。

就在蘇利文停站幾個月後，我問他關閉的原因。他舉出了關於經營企業所帶來的身心疲乏，例如不停地寫作、編輯、發電子郵件和跟上最新流行訊息。要聯絡的人太多了，要處理的資料非常巨量，另外還有自己私人生活的因素等等。他說這些壓力確實會讓事業有成的人在中年時覺得自己疲累不堪。

但是蘇利文的狀況不只是疲累而已。他的生命河流轉向了，價值觀改變了，部落格的寫作發表已經不是他想要的了。「我沉浸在虛擬的世界中，以至於忽略了真實生活中的家人、朋友。」他說。

我問蘇利文對於自己放棄影響力和眾人關注的焦點有什麼看法？畢竟，是他提醒我，在美國沒有人會在最成功的時候急流勇退。他給我的答案，相信蘿拉・卡斯登森早就預料得到，他說：「我在四十多歲時不再那麼野心勃勃了。我越來越覺得世俗的野心

1 譯注：Andrew Sullivan，知名的部落客與保守主義政治評論作家，是公開的同性戀和虔誠的天主教徒。
2 譯注：The Daily Dish，為時事評論的網站，主要風格是蘇利文所傾向的保守主義。

妨礙了我真正想過的生活。」

我繼續追問：「你會不會擔心人們猜測你大概是江郎才盡了？」

他回答：「我無所謂。我並不是說我完全沒有野心或是虛榮心和自負，而是和二十多歲時比起來，少了很多。我確信我不會再追逐閃閃發亮的獎牌了，這樣會讓我快樂。」

我認識蘇利文時他二十八歲，直到他關閉部落格時，我們已經認識二十多年了，我從沒見他這麼快樂過。

提出「中年危機」一詞的艾略特．賈奎斯認為，中年不僅是我們人生的危險時期，也是充滿機會的階段。他寫道：「基本上，這段時期是痛苦、沮喪的煉獄，但也會得到相當的回報。生命的延續感覺會加強，這種感覺來自深層的覺醒、理解和自我認同。這些特質能夠培養出具有勇氣、毅力和智慧的真正價值觀，並加深愛的能力和對人心的深層洞察力，讓我們滿懷希望地享受生活。」他將中年危機描述為「持續數年的轉化過程」。

當我研究賈奎斯的書後，發覺他在一些重要的問題上出錯了。他把「危機」一詞用在通常是慢慢累積、不是那麼劇烈變化的事情上，但是他把中年危機視為過渡期則是正確的。

當我為了瞭解人們如何度過中年危機以及之後的生活而進行採訪時，我不斷聽到類似像蘇利文這樣的反思，強調重新檢視自己的價值觀，放下野心，並重視與他人之間的連結。我越來越相信，我所感受和聽到的事情不只是現實給人的打擊，替人上了一課，或是大腦裡產生的某種偶然變化。這種過渡期具有方向性，甚至我們可以稱這個方向性為「目標」。正如我在前面幾章所提到的，幸福曲線的上升帶有情感流向，那就是流向正面的發展方向，同時也具有朝著群體方向流動的連結性。這種過渡性是社會、社交性質的，雖然我們很少以這種方式來度過。

更寬廣的人生視野

我遇過最戲劇性的例子，應該算是五十歲的大學教授保羅的例子。他是我在新英格蘭一所大學演講時認識的，

當他提到他非常投入攀岩運動，甚至到了強迫症的地步，且兩次在攀岩中摔斷腿，這激起了我的好奇心。我可沒碰過哪個人會在摔斷腿後還繼續攀岩，而且還是摔斷兩

次！所以我問了他一些生活上的問題。他告訴我自己的故事。他的人生經歷再次證明幸福曲線如何翻轉我們看待人事物的角度。

保羅年輕時跟所有人差不多，二十幾歲時勇往直前，所向無敵，他以「充滿熱情」、「野心勃勃」、「所向無敵」來形容這段時期。「我二十四歲時和從高中就在一起的女友結婚了，生活對我來說就是一場大冒險。因為喜歡戶外運動，於是開始喜歡上攀岩，接著一發不可收拾。」三十幾歲時他打零工維生，也經歷過一些掙扎，最後決定朝專業的攀岩方向發展，他全力以赴，把目標設定在不太可能完成的路線上，在成功征服之前絕不罷休，最終成為該領域的專家。但即使他成功攀登了社會的岩石達到頂峰，他還是在四十歲出頭時出狀況了。

「我開始出現一些奇怪的症狀，我無法克制地在乎別人怎麼看我，並且質疑自己的價值觀和自我認同，我不知道自己到底怎麼了，我獲得了終身教職，有美麗的老婆和可愛的小孩，但卻覺得自己生活在黑暗中。」

因為不安和不確定感，他請了一個學期的假，接受心理治療，但是情況越來越糟。「我太在意別人的評斷，也因此自我批評。和家人吃飯時我會希望自己仍在工作，這樣就不必跟他們共處，跟他們在同一個空間裡讓我快崩潰，我只好回到自己的房間裡，但是在房間裡又覺得四周的牆壁向我靠近。

「那是一段可怕的日子，我最大的孩子那時大概是六、七年級的年紀，他目睹我的掙扎，這對他產生巨大的影響，他以為他的父親跟他朋友們的父親一樣，是穩定可靠的。但他們發現我需要休息，得把自己整理好，他們無法置信。」

保羅的問題到底是焦慮還是憂鬱引起的？保羅說兩者皆有。但是醫學上的精神病症已經無法解釋他的所有問題。「我認為我問題的根源應該是我不喜歡自己，我不信任自己，我認為自己不是好人，我很認真努力，但最終還是藉由別人的認同來衡量自己。」他覺得學生對他的一次差評就是一種譴責、一種失敗。

在精神科醫生的協助下，保羅總算復原了，他恢復了原本的生活，現在他嘗試對自己寬容點。而在他正常生活的背後，是這場危機帶給他的巨大改變——價值觀的改變。「過去有種強烈的自我中心主義驅使我去做種種的事，但現在我已不再被自己的目標鞭策了。」他說。

保羅的專業領域是印地安文學，他以前的一個學生建議他可以去南達科他州的印地安保留區，試試與專業相關的志工服務機會，於是他去了一個禮拜。結果他發現，他在那裡做的每一件事，比一生中做過的任何事情都要有意義和目的。

當他從南達科他州回來時，他自問是否能繼續保持這種有意義的感覺。他知道自己做事很容易一頭熱，所以必須謹慎面對。「我必須退一步想，自己是否把這件事過度浪漫化了？我的熱情是否會因為緊湊的生活而熄滅？是的，我是個和藹、富有同情心的老師，雖然我會因為攀岩而忽略家人，但我也為我的家庭竭盡心力。而這次的旅行真正激發了我的責任感，雖然我一直都知道應該要幫助那些不如我的人。但是當我在那片土地，遇見非常聰明且才華洋溢的非營利組織成員，他們奉獻自己的生命給那片土地和人，這些事情讓我徹底改變。我開始思考如何透過幫助別人來讓自己的人生更有意義，特別是幫助比我弱勢的人。」

現在他每年會有六週在美國和中美洲的原住民保留區度過，為美國原住民社區開發專門教育項目和口述歷史專案，同時他也是美國原住民非營利組織的董事。他還是會去攀岩，但是一年只去幾次，會讓他摔斷腿的挑戰路線對他已經沒有任何吸引力。

聽完他的故事，我想，走訪印地安保留區雖然具有轉化的效果，但屬於偶發事件。也許探訪越南的孤兒院，或者給低收入戶孩童一週上一次課，就能引發他的價值觀改變，所以真正的改變其實在於保羅的內心。於是我問他：「你覺得自己發生了什麼改變？」

他說有兩件事，一件是他終於可以好好原諒自己和信任自己了，並因而產生主導感及自己是有能力的感覺。「可以原諒自己的感覺真好。老實說，當我不得不告訴我太太我需要休息時，我覺得很有壓力。我認為自己的生活滿意度之所以會增加，就是因為我有能力處理好這類事情，並且明白所有的事都會變好。」

第二件事似乎更重要。雖然保羅是很強烈目標導向型的人，但他的目標轉向外在世界，他從心理學家所謂的「自我中心」轉到其他方向了。「過去我也盡力幫助別人，但那是因為這是我設定的目標。在保留區我是謙卑的。雖然在那裡工作需要一點自負，因為覺得自己可以為那個地方帶來幫助，但同時也必須謙卑，才能傾聽、理解他們。」他說。在描述自身的改變時，他說了一句話讓我印象深刻，也更能貼切地形容。他說：「我覺得自己能更深刻認同他人的感受了。」

保羅的生活滿意度很高，在坎特里爾階梯量表裡，他給自己打了九分，比二十多歲時的七分、三十多歲時的六分，和四十多歲時的五分都要高很多。他發現，五十多歲的他「時間視野」變窄，但是「人的視野」變寬了。

走向他人、擁抱智慧的微妙轉變

雖然有些人在幸福曲線觸底的時刻，經歷了存在的危機和戲劇化的事件，例如保羅，包含了混亂的崩潰，脆弱的復原，和轉型的改變。但是大部分人的轉變都是緩慢、平凡，以及只有自己留意到的微小，然而這些轉變都將我們引導到同一個方向：走向他人，走向智慧。

擺脱「冒牌症候群」

大衛的例子就非常典型。五十四歲的他是一位企業家，經過十年辛苦奮鬥和失望掙扎之後，他創立的公司終於成功。

二十多歲時他曾對未來該何去何從深感茫然；三十多歲時找到一份好工作，也做出了成績。四十多歲時，事業到達顛峰，但是他不顧一切地放下工作成就，開始創業之路，結果在經濟和婚姻上都陷入困境。他做了心理治療，也有所改善，但他並沒有告訴朋友他的狀況，「如果一個人沮喪到需要找朋友訴苦，會影響對方的心情，所以，我不得不在表面上硬撐著。」

到了五十歲時，大衛的公司上了軌道。五十多歲中段，事業已經很成功，而且他也再婚了，婚姻幸福。但是他發覺自己變了，「我覺得自己的『冒牌症候群』消失了。」這是他成年後第一次覺得生活滿意度很高。雖然他說自己的情感並沒有跟上這個步調。（記住，生活評價跟日常的情緒狀態並不一定會同步。）

我問他：「現在你的價值觀改變了嗎？」

「當然有，我從幫助別人中得到極大的快樂。」他說。

後來大衛開始指導傳授他人，他說：「我喜歡幫助別人實現很酷的事情，而不計較自己是否會被人感恩或記住。」他也注意到自己不再那麼在意年輕時所執著的那些成就。

在我們談話的那時，他剛從加州回來，為了跟國中同學見面而取消所有跟矽谷的業務會議，他覺得跟同學碰面要重要得多了，他也對自己會這麼做感到訝異。

掌控能做到的事

另一典型的例子是克麗絲汀。她在中年時遭逢一連串的重大事故，她母親的去世讓她備受打擊，還有她的工作數度不順遂。有一次她還發現自己差點就失去家庭醫療保險，積蓄也快花光了。直到五十多歲時她還一直在換工作，這應該是一般人在三、四十歲時會做的事。因為她還有小孩要養、先生要照顧，所以只能繼續撐下去，在這種狀況下，她根本沒有私人時間可以做自己的事。可是，五十三歲的她對生活滿意度卻最高。我問她是什麼原因讓她有這樣的改變，她說因為感覺自己對生活有掌控權了。

「我知道自己能做到什麼程度，我的優點何在，所以我就可以從事自己擅長的事，重新安排生活。」她說，「而且，我不再覺得自己有拯救世界的責任了。」年輕時，她曾想像自己擔任重要的職務，能對世界產生影響。二十多歲時她就加入世界和平相關的運動，計畫推動終結核戰。

那麼，她的理想徹底破滅了嗎？也不盡然。「我雖然無法拯救世界，但是我可以先從世界的一小角開始，也就是先從拯救自己開始。」之後，她的熱情有了新方向，那就是在一個野生鳥類復原中心擔任志工，「讓野生禽鳥康復，是更具體的拯救行動。」她的野心與理想還在，只是把它縮小到自己力所能及的範圍。她在抽象事情上投入的時間減少了，而花在明確具體的事物上的時間增加了。

長年紀，也長智慧

當我為了更瞭解幸福曲線而採訪安德魯・奧斯瓦德時，他很想談論數據和這些數據的影響層面，因為他是個經驗主義者，比較不願意談理論，他推薦我可以找迪利普・傑斯特（Dilip Jeste）談談。傑斯特是個非傳統的精神科醫生，他的工作非常有趣。

二〇一四年時，我第一次見到傑斯特，他當時六十九歲，他從小在印度長大，說話時帶著抑揚頓挫的馬拉地口音，為人謙遜，身材矮小。我們約在聖地牙哥見面，當時是夏天，他卻穿著一件藍夾克和毛衣，因為他說自己老是覺得冷。他的動作和走路姿勢都很年輕，在我們離開辦公室穿過校園，朝他的實驗室走去的途中，他的腳步矯健讓我幾乎跟不上，而他的頭腦跟腳步一樣敏捷。

傑斯特出生於孟買附近的一個小鎮，父親是律師，他有四個兄弟姐妹，七年級時為了學英文，他們全家搬到普那，在那裡他發現美國領事館有個圖書館，便開始在那裡大量閱讀。這段期間他讀了佛洛伊德的《夢的解析》。「這本書就像克莉斯蒂的懸疑小說一樣，只是並非以謀殺為主，而是夢。」他回憶道。

傑斯特年輕時認為，解開頭腦之謎將是他一生的志業。他決定學習精神病學，一開始在印度接受醫學院的課程，後來在美國一流的學院繼續學習訓練：康乃爾大學、美國國家衛生院、華盛頓大學。二十世紀八〇年代中期，他落腳於加州大學聖地牙哥分校，一直到我採訪他時仍在此任教。他在這裡有一長串的頭銜，辦公室裡掛滿獎盃、獎牌、證書、獎狀等，儼然是美國精神病學的權威。他的主要研究領域是老年精神病學及如何「好好變老」。

上一章我曾經提到他的發現，那就是，人們在生命的最後幾年裡有比較高的主觀幸福感，即使身體變得更虛弱。他也是腦部研究專家，利用核磁共振影像掃描儀觀察大腦的放電狀況，我拜訪他的那天，他正在做一項實驗，研究老人的大腦如何消化產生同理心。

我之所以不斷提到傑斯特傑出的科學成就，是因為他的成就有非常不同的面向——從根本上挑戰主流精神病學。他稱自己為「正向精神病學的傳道者」，正向精神病學也是正向心理學的分支之一，這是新的觀念。精神病學家定位自己是精神失調方面的治療專家，如果他們治療的病患的憂鬱症或焦慮症改善了，那他們的任務就完成了。但傑斯特認為精神病學應該要做得更多，例如使健康的人更幸福，更有復原力，提高幸福感，並預防精神問題發生。

正向精神病學尚未在精神病學領域流行，部分原因是提升幸福感不在醫學院的課程體系中，治病才是。然而，傑斯特鑽研的是不同的東西。他在印度長大，浸潤在印度古典文學中，特別是《薄伽梵歌》。「這是我們的文化，在印度每個人都會從《薄伽梵歌》中尋找智慧。」他說。

在傑斯特的職業生涯早期，他一直對一個問題感到困惑：在身體越來越衰退的同時，為什麼生活滿意度反而會隨著人的衰老而提高呢？而且這種趨勢太普遍了，絕非偶然的狀況。「老年人的生活滿意度是否與他們的智慧增長有關？所以接下來的問題就是：什麼是智慧？」

傑斯特覺得他可以透過結合兩種不同的傳統神經學智慧來進一步解開困惑。首先他用嚴謹的科學方法定義智慧，第二步是加以測試，第三是瞭解大腦有哪些部位掌管這些功能，由此探索智慧是否具備生理基礎，最後則是希望發現如何培養及提升智慧的方法。但傳統醫學界都對此表示懷疑（目前也仍是如此）。傑斯特想起同事們對他說過的一句話：「做什麼都行，就是別提『智慧』這個詞。」大家都認為智慧是屬於哲學的概念，不是神經學的，但傑斯特把這些懷疑當作是個挑戰。

在開始研究時，他找不到任何把智慧和神經生物學結合的相關論文，直到二〇一〇年，他寫了一些相關文章發表在專業的權威期刊上，其中有許多類似這樣的句子：「大腦有兩個區域被認為是共同負責人類的智慧，那就是前額葉皮質（特別是背外側、腹側和前扣帶）和邊緣紋狀體。」他發現腦部這幾個區域如果受損，將使人做出不明智的舉動，但智力並不受影響。

然而智慧主要是什麼？傑斯特和同事們一起整理了從古代、現代、東方的和西方的、傳統的、科學的……所有關於智慧的描述。我問他從中發現了什麼嗎？他說：「在不同時代、不同地點，關於智慧的描述有著驚人的相似點。」在現代的學術定義上，提到智慧有以下這些特點：

- 同情和利社會行為[3]，反映了對共同利益關心的態度。
- 務實的人生知識。
- 運用實用知識解決個人和社會問題的能力。
- 能夠應對模稜兩可和不確定的狀態，並能夠以多方視角來看待。
- 情緒穩定，能夠控制自己的情感。

• 具有反思的能力，能夠不帶情緒地理解自我。

與西方現代關於智慧的資料相比，印度的薄伽梵歌中顯示他們更強調控制自己的慾望和對物質的渴望。但是傑斯特和依普西特．瓦西亞（Ipsit V. Vahia），在二〇〇八年發表於精神病學期刊上的一篇文章中提到：「將印度古籍中關於智慧的概念和現代科學文獻進行比較，我們發現許多相似點，例如豐富的人生知識，情緒的調節能力，對共同利益的貢獻（同情、犧牲），以及具有謙虛本質的洞察力。」

傑斯特告訴我，在世界各地，關於何謂智者都有不需明說的概念，這表示智慧並非可以因人因地不同而有不同的涵義，相反地，智慧有自己的識別度。「智慧無國界」的普遍存在，說明它對人類來說很重要，也是天生的，或者至少部分是天生的。

他說：「智慧普遍存在的現象，說明它一定有其生物學的基礎。我認為大腦會發生一些改變，而這種改變可以讓老年人心情更好，改善他們某些方面的生活。」沒有人相信我們的大腦存在著「智慧器官」，但是傑斯特認為透過瞭解智慧如何運作，如何嵌入

3 譯注：利社會行為廣義是指對社會有積極影響的行為，狹義是能夠增進團體或他人利益的行為，如合作、助人、慈善捐贈、分享、支持、慷慨、同情、安慰及利他行為。

大腦的迴路中，我們就能知道更多關於大腦的知識。

如果智慧有生物上的緣由，應該就具備進化的基礎。我們假設它進化的目的是為了幫助人們生活過得更好，那麼為何智慧的進化會一直持續到老年，且越老越有智慧？又為何包含已經過了生育年齡的女性？

從生物學的觀點，有一種被稱為「祖母效應」的概念認為，停經之後的女性透過為小孩和孫輩的付出來改善家族的未來。這種效應可以解釋為何人類女性的更年期相對比較早，而且壽命比生育能力長。除了人類外，這種現象還發生在兩個物種上，那就是短鰭領航鯨和虎鯨。海洋生物學家在研究虎鯨時發現，如果鯨群中有停經的母親或祖母，會大大提高幼鯨的存活機率，甚至連已經成年，並在繁殖後代年輕虎鯨的生存率也會提高。人類也可能存在類似的現象。

傑斯特說：「智慧在任何年齡層都是有益的，特別是老年時更顯重要，從進化的角度來看，年輕人有生育能力，所以即使他們不太有智慧也沒關係。但是老年人就需要找到其他方法為種族的生命延續做貢獻，這就產生了所謂的『祖母效應』。」

或許關於智慧的生物學、神經學都還有待研究，因為到目前為止，傑斯特和其他專家皆提出了很多問題，但是還沒找到答案。

智慧的七種特質

在和傑斯特見面之前，我絕對想不到「智慧」這個概念會有科學上的意義，更不用說智慧是可以量化的。但事實就是如此，莫妮卡．阿黛特（Monika Ardelt）所研究證明的正是這個。

我到佛羅里達大學拜訪在該校擔任社會學教授的阿黛特。她於一九六〇年出生於德國的威斯巴登，當她還是孩子的時候，第一次感受到智慧的吸引力，她說：「我很喜歡一個叔叔，滿頭白髮的他話不太多，總是坐在那裡聽別人閒聊。他散發出一種正面的氣息，和他在一起總是能讓我感到平靜、愉悅。這深深吸引我，他不像其他人，他是接納和平靜的典範。」

她在快三十歲時到美國讀研究所。在她尋找畢業論文的題材時，她發現了「成年發展」和「成功衰老」這兩個主題，「我一直對智慧很有興趣，但我認為這不適合拿來當作科學的研究題材。」她告訴我。

有一天她在圖書館，偶然看到一九九〇年由康乃爾大學心理學家羅伯特．史坦伯

（Robert Sternberg）所編輯的一本書《智慧：其本質、起源和發展》（*Wisdom: Its Nature, Origins, and Development*）在這本書的引導下，她去查了另一篇在一九八〇年由心理學家薇薇安．克萊頓（Vivian Clayton）和詹姆斯．畢倫（James Birren）發表的開創性論文，論文中提到，智慧是三個領域的合成，彼此互相補強。第一個是知識領域，包含知識、推理、理解、學習；第二個是感情領域，包含情緒和同理心，即有關自己和他人的感受；第三是反思領域，包含自我理解、冷靜客觀，讓我們能對自己和他人產生自己的觀點。

這個「三重範例」假設智慧是一套可測量的心理組合，這剛好和佛教的智慧概念吻合。這是一個很好的例子，證明了傑斯特所強調的智慧具有跨時代和跨文化的特性。

當然，佛陀沒有現代的心理測試來測量祂的想法，不過阿黛特有，所以她想要從數以千計的標準心理學測試題目中挑選出一些問題，有效測量出我們大部分人會認為有智慧的是哪些人。她設計一份包含三十九個問題的問卷，後來又把這些問題簡化到剩下十二個問題。做完測試後，那些被同伴或受訪者認為比較具有智慧的人，在這個測試中得分也比較高。

如此一來，我們可以對人們的智慧進行比較，還可以找出智慧的三個面向中比較突出的部分。與此同時，有關於智慧測試的其他類型測驗也紛紛推出，在各種測試中，所得到的結果都非常一致。在科學中，任何可以量化的東西皆為真，因此智慧也是真實的。

我做了阿黛特三十九個關於智慧的試題，並遵照她所強調的那樣，盡量對自己誠實，有些問題很明顯與智慧有關，例如：「我總是盡量全面性地看待問題。」有些問題則比較不明顯，例如：「當他人跟我說話時，我會希望他們趕快離開。」結果，我的得分中等偏上。我想我知道為何自己沒有進入最高分的等級，我在反思部分的得分很高，我擅長看到事情的多面向，也能夠客觀地思考問題，但是我在同情和同理心方面不是很好。（當別人需要安慰時，我通常不會給予安慰）我不是那種會本能幫助別人的人，也無法憑直覺知道如何幫助他人。

傑斯特的大腦繪圖和阿黛特的智慧測試，雖然在細節上存在著分歧，但在重要觀點上卻達成了堅定的共識。這些關於智慧的共識就是：

一——智慧是一個整體的概念

智慧包含了各種不同的特質，而且它神奇之處就在於能夠整合這些不同的特質，使它們互補、互助。一個擁有強大知識和智力卻沒有太多同理心和同情心的人，可能很聰明、很專業，但也可能善於操縱別人和狡猾，因此，不能稱之為「有智慧」。另一方面，同情心氾濫但缺乏反思的人，可能很慷慨、善良，但衝動、不切實際，這樣也不夠有智慧。再者，經常反思但缺乏知識的人，可能想太多而太過天真，這也不是智慧。

星際大戰影集中經常出現一個主題，最聰明的角色，斯波克（Vulcan Spock）缺乏麥考伊（Dr. McCoy）那種本能的同理心，也缺乏科克船長的決斷力，沒有人能稱得上有智慧，但是他們三人在一起互動則產生了智慧。由於智慧依賴這種互動，因此它是動態的。即使在單獨個體的內在，智慧也會因情境、時間的不同而改變。

加拿大滑鐵盧大學的社會心理學家伊格爾．格羅斯曼（Igor Grossmann）發現，個人內在的理性智慧多元性比群體之間的多元性差別更大，這就是為何我們需要置身於多樣性的人群和不同觀點中，在任何情況下，最具智慧的反應可能不是來自表面上看起來最聰明的人。

格羅斯曼的實驗還說明了，智慧的思考在某種程度上是可以透過學習引發出來，這似乎是好消息。他的其中一個做法，是讓人用第三人稱談論事情，而不是第一人稱（也就是好像這事是發生在別人身上）。這讓我不禁想到，學校是否應該多花點時間教學生如何思考，而不是教他們如何通過制式化的考試。

二——智慧不是知識或專業技能

你可能認為心智能夠快速運作的人，其認知能力也非常好，因此可以算是有智慧的人。但是已經有大量的研究發現，「頭腦的聰明程度」和「是否有智慧」並不能畫上等號。格羅斯曼在二〇一三年和同事發表的一篇論文中就提出，「智力」和「智慧」之間沒有關連性。事實上，在某些方面，比如對群體間的衝突推論上，他們提出認知能力和智慧更呈現負關連，還有其他人的研究也證實這個論點。

同樣地，擁有專業知識和技能也不能保證就有智慧，格羅斯曼說：「智慧代表著睿智的人知道某些重要的事，因此這是知識；但是睿智的人不一定要知道什麼是量子物理的最新發展。睿智的人會瞭解生活、瞭解人際關係知識和人的內心活動，人際關係知識涉及如何和他人往來，如何理解他人；人的內心活動則是理解自己。」

這段話並不代表聰明或懂量子物理就會損傷智慧，也不是說變蠢會讓你更有智慧，重點是「更有智慧」不等於「變得更聰明」或「更有知識」。智慧不等於智力，它比智力更複雜，更寶貴。那麼，為何我們對人最高的讚美卻是「你很聰明」？

三——智慧具有平衡的特性

智慧綜合了多方面的優點，沒有某個特點有絕對的重要性，每個特質都是相輔相成且平衡的。

智慧的其中一個特色會出現在不同的時代和不同的文化中，那就是平衡的情緒。有智慧不一定隨時都要保持冷靜、平和，而是善於控制自己的情緒。就像我父親常說的：不要為五美分的小事生五美元的氣。如果你是有智慧的人，用詩人吉卜林（Rudyard Kipling）的話說就是：當你周圍的人都失去理智時，你仍然能保持清醒的頭腦。

還有一種平衡也是智慧的特徵之一，那就是在不確定和模稜兩可的情境中，仍能保持情緒和智慧的平衡。這很有挑戰性，因為人類天生就喜歡追求明確性和清晰度，甚至會為了追求確定性而忽略重要的細微差別。

「人類解決分歧的慾望是根深柢固、強烈、多面向且危險的。」傑米．霍米斯（Jamie Holmes）在他的書《胡說八道的力量》（*Nonsense: The Power fo Notknowing*）中寫道：「在有壓力時，心理壓力會迫使我們否認或捨棄不一致的證據，使我們感受到並不存在的確定性和清晰度。」

傑斯特則認為，能夠在不確定性和模稜兩可的狀況下做出好的判斷，是智慧的核心特色之一。

四——智慧具有反思能力

正如我所提到的，阿黛特和其相同流派的專家們咸認為智慧融合了三個領域的能力：認知（與知識智力有關）、情感（與同理心、情緒有關）和反思領域。而反思不是只有沉思而已，「基本上，反思能力被定義為能從不同角度來看事物的能力。」阿黛特說，「這也是一種可以從外部觀看自我的能力。從不同的角度看待事件和現象，可以讓我們對這個世界更瞭解，對自己也會有更全面的理解。如此一來就能削減一個人自我中心的傾向，還有助於培養對他人的同情心和同理心。」

阿黛特認為，反思能力是這三個領域中最重要的能力，它能帶領人們到達另外兩個領域。但英語中沒有一個詞可以精確描述阿黛特所說的特質，口語中「反思」、「自我理解」和「自我意識」意味著向內審視或過度地自省、精神上的自我沉溺，感覺上這是一種以自我為主的自我探索，但這其實是種誤解。或許「冷靜」、「客觀」比較接近阿黛特所說的特質，不過這又讓人感覺冷漠和工於計算。無論我們怎麼形容和自己熱情及觀點保持距離的這種能力，它都開啟了一扇通往認知和同理心的門，而這兩個特質正是智者所必須具備的條件。

五——智慧需要行動力

想要有智慧，反思能力是必要的，但這樣還不夠。行為或行動也是智慧重要的一環，一個人可以明智地思考，但是如果沒有付諸行動，就無法顯現出真正的智慧。

睿智的行動比睿智的推論還要困難，即使對超級聰明的人來說也是如此。我們回想一下心理學家強納森・海特在約會這件事上，沒法依照自己做出更好判斷的情況。他的「騎象人」看到了最佳路線，但是他的「大象」卻有自己的主意。把他的「大象」比喻進一步延伸在智慧的行為和推論上，智慧既不是代表推理能力的「騎象人」，也不是代表本能的「大象」，應該這麼說：當騎象人和大象達成共識朝最佳路線行進時，我們的思考和行動就是智慧的顯現。

由於智慧需要行動來表達，所以它會對我們產生影響力。「智慧就是『實現的知識』。」阿黛特解釋道，「智慧一定會改變一個人，但是知識就不一定會改變一個人，它只是讓你知道更多而已。」大多數人人生中發揮智慧的時刻，都是在傳授寶貴的經驗和克服困難時產生，例如運用智慧把不利的狀況扭轉成有利的結果，而智力和知識通常不具有這種能改變生活的效果。

六——智慧對個人是有益的

最近的研究顯示，智慧與身心健康、幸福、生活滿意度、可掌控程度、復原力，以及較少成癮、較少衝動都有關係。我們還不確定是健康導致智慧，還是智慧增添健康，但是智慧本身就能帶來好的影響，不僅因此人與人之間能夠有正面的關係，也能帶來我們內在的和諧。

格羅斯曼和幾位同事曾審視人們的時間日記（他們在日記裡寫下一天中的情緒和反應）時發現，當人們變得比較有智慧和理性時，他們會產生比較多的正面情緒和比較少的負面情緒，而且情緒調節得比較好，也比較寬容。

七——智慧對群體是有益的

智慧會帶來經濟學家所說的「正面的社會外部效應」。換句話說，一個社會中有智慧者的言行會使其他人的生活變得更好，不管他們是否具有智慧。從古代至今的文獻看來，智慧最重要且始終如一的附屬功能，就是能超越個人利益進而提升共同利益。

智慧各種優點的共同特性在於，它們有助於解決社會問題。智慧中的理性有助於人們站在別人的角度思考，智慧著重的不是聰明才智，而是解決人際衝突和社會中的問題，透過行動而非思想來提升人際關係的品質和改善生活，由於任何一種關係都牽涉到至少另一個他人，因此也會改善他人的生活。

正向的改變與智慧有關

我真希望我可以說，經過科學實證，智慧確實會隨著年齡增長，但是我沒法，因為現代的所有研究結果都是模稜兩可。

有些研究顯示理性的思考能力會隨著年齡而增加，伊格爾·格羅斯曼和他的四位同事在二〇一三年關於智慧和智力的研究中，就有這樣的發現。但是隔年格羅斯曼和伊森·克勞斯（Ethan Kross）在另一篇文章中則提出，老年人的智慧理性和年輕人並沒有太明顯的差別。

二〇一二年，格羅斯曼和他的六位同事在美國和日本，分別研究了在人際關係衝突中人的智慧理性所扮演的角色，他們指出，美國人的理性思考能力會隨年齡增長而提高，但日本人不會。阿黛特、傑斯特和其他人的研究也是如此。

看著這些研究顯示的證據，我不認為我們會因為變老而自然而然地變得有智慧，但我們可以這麼說：如果在外在的條件都平等的狀況下，年紀大會讓我們更容易變得有智慧，而智慧會變成老年人的重要資產和特質，包括：

- 更注重社會關係的投入，以及瞭解自己更多的面向。
- 更能從容地面對內在和外在的衝突、矛盾。
- 更有掌控力和實戰經驗。
- 更多滿足，較少後悔。
- 更加平衡和平靜。

在最近的研究中顯示，以上這些變化都與年齡、智慧有關。在本章開頭和本書的其他章節也都提到這些變化。安德魯不再追求「閃閃發光的獎牌」，而是把時間、精力給了家人、朋友和信仰；保羅放棄了他對完美身分的追求，並在美國原住民保留區的志工服務中找到了生命的意義；大衛把企業家的精力轉而幫助他人創業；克麗絲汀將心力放在拯救鳥類而不是世界。我在他們身上以及許多本書沒提到的人身上，都發現了智慧增長所需要的要素：平靜、務實地解決問題、善於反思，以及具有優先考慮他人的傾向。

我所採訪的很多人都說，他們在五十多歲或更老時對生活很滿意，但幾乎沒人主動提到「智慧」這個詞。如今這個詞也很少出現在我們的日常對話中，但是只要把我們的接收頻率調整到跟智慧一樣的波長時，就能清楚而響亮地聽到它的訊號。

例如我的受訪者之一，是位退伍軍人、兼職豪華轎車司機奇普，六十多歲的他給自己的生活滿意度打了八分，是他一生中截至目前為止的最高分。我問他為何打這麼高分，他說自己現在比年輕時更有耐心，不再挑剔或苛責他人、物質慾望也降低了，「雖然我不是百萬富翁，甚至連千元的存款都沒有，但是我不會因此不開心，錢太多也很麻煩。」最能說明他現況的是，他說自己已經學會如何避免衝突，過去他的生活充滿了衝突，因此他經歷了三次失敗的婚姻，第四次終於成功了。

「我年輕時，一點小事就會讓我生氣。」他說，「現在，在爭吵前我會先想想有沒有解決辦法，有沒有折衷妥協的可能性。如果都沒有，我會先暫時擱到一邊，以後再說。」這真是智慧之語啊！

同樣的生活，不同的感受

幸福曲線的下坡和谷底代表樂觀正在逐步減少，這是一種長期而緩慢的調整，接近心理學家所謂的「憂鬱的現實主義」，我們降低了對未來的幸福期望。就情感層面來看，則是我們把眼光放低，學著安定下來，而這會增加我們的滿足感。

「安定」乍聽之下似乎很沉悶，好像是勉強接受不夠好的、有缺失的滿足感，就像放棄了青春的夢想，壓抑了年輕時的希望。然而，憂鬱、壓抑、匱乏，並不是大多數人的感受。在我採訪的過程中，很少聽到經歷過渡期的人有失望或放棄的表示。我聽到的幾乎都是過了低谷後，重新開始的生活更豐富，而且足以彌補過往的任何損失。

之所以會如此，部分原因是我在前一章所提到的心理變化所導致，例如正面效應、社會情感等。還有部分原因其實就是亞里斯多德在幾千年前就意識到的，那就是智慧會讓我們覺得充實，智慧不僅會改變我們的知識，也會改變我們的價值觀，進而改變我們看待自己及這個世界的角度。

傑瑞・赫許（Jerry Hirsch）在接受我的採訪時生動地描述了自己的改變，那時他已經七十多歲了。他是北極星基金會的理事長，這個組織是我家鄉亞利桑那州鳳凰城的一個慈善組織。在傑瑞職業生涯的前半段，他從蓋購物商場中賺了很多錢，他一直都覺得生活過得很好，直到他四十八歲時婚姻出問題，離婚後他得了憂鬱症，也曾試圖自殺未遂後入院治療，然後他認真地審視自己的生活究竟是哪裡出了問題。

他說，他都可以想像得到他死後的墓誌銘將會是：「在赫許之前，這世上有四百二十六家 Kmart，現在則有六百九十三家。」[4]「難道這就是我想留給世人的東西嗎？不，應該還有其他的。」所以他重返校園，然後研究與靈性相關的事物。「我一直在尋找可以讓我人生更有意義的東西。」最後，他決定從事慈善事業。「我認為幫助他人能讓我的人生更有意義。我發現越幫助他人，就越能感到滿足，所以我就一直持續下去。」

他說他的生活滿意度是跨越一大步的改變，不只是數量的改變（例如坎特里爾階梯測驗的分數），還有根本性的改變，那就是他對生活品質的看法變了。以他的情況來說，做出這種改變將會經歷一場危機，「我原本不知道還可以從其他層面獲得深層的幸福和滿足，也不知道還有更深層次的東西存在，我得把覆蓋在我內心的東西一層一層地撕開。」

這是我因研究、探索幸福與年齡的關係而訪問眾多的人中，第一次聽到「深層」（depth）這個詞。我採訪我朋友五十四歲的卡拉時，她對她的生活很滿意，而且這個滿意度還在持續提升中，她似乎平穩地處在幸福曲線的上升階段了。她告訴我，她在五十歲時比以前更珍惜與感恩多年的友情，她覺得現在自己做事更有條理，也更有效率。她現在為社區的公民協會和教堂擔任志工。此外，她發現了生活另一種無形的面向，這是她在二十幾歲時所無法理解的層面。

「我在二十幾歲時，總是努力向前看，但現在我活在當下，而且心存感恩。雖然我現在的日常生活跟年輕時大同小異，但是心裡的感受卻是不一樣的。」

正是如此：同樣的生活，但不一樣的感受。

人生的河流改變的不僅是兩岸風光，就連航行者也跟著變得不一樣了。因為少了不切實際的樂觀，在生命的轉彎處等待我們的或許不再是令人興奮的世界，但它並不會因此而更空虛或更狹窄，而會豐富又具有深度。這正是智慧的開端。

4 譯注：Kmart是美國的一家連鎖百貨公司。在一九九四年，全球有兩千四百八十六家店，但隨後在二〇〇二年和二〇一八年兩度宣布破產，店面數量在二〇二〇年二月前減至七十家左右。這段話說明赫許幫Kmart蓋了多少間購物中心。

第八章

自力脫困，化危機為轉機

還記得我在本書一開始所提到的卡爾嗎？在我第一次採訪他一年之後，我們約了一起吃午餐，他那時四十六歲，而他的情況並沒有變好。

這次吃午餐，我並沒有做筆記，我們只是單純聊聊彼此的狀況。我為寫這本書所做的採訪都很深入，這些都需要非常深度的信任。一開始卡爾給我的感覺是他對於採訪不太自在，即使他對自己的老婆也不太會有深入的討論。不過，後來他漸漸信任我，我們也成為朋友，我對他的生活感到好奇，他則對我的書有興趣。

我把他的狀況對應到幸福曲線和老化悖論上，讓他看漢那斯．史瓦登的圖表，並對他解釋，由於過去多年所累積對生活的失望，再加上對未來的生活滿意度不樂觀，因而形成了一個回饋效應的惡性循環。我指著圖表告訴他，他目前正處在幸福曲線的底部，在這裡生命的「暗流」會和滿足感作對，且持續多年，感覺上這個曲線好像不會轉變方向似的。我還告訴他，許多研究顯示，生命的暗流通常會在人們認為情況不會變好時開始改變。

我不知道人們知道幸福曲線的資訊後是否有助於他們挺過谷底的低潮。知識能夠讓人安心，或讓人對未來懷抱希望嗎？又或者它只是一種文字的抽象科學？

在我給卡爾看過圖表後不久，他寄了一封電子郵件給我，他說：「哇，期望鴻溝＝

絕望……這個符合我的情況。因為夢想、幻想、期待沒有實現，我們會產生否認、震驚、憤怒，和承認現實、絕望、戰或逃的反應，還會思索是否要直接衝過去，還是從工作、人際關係、家庭中逃跑。

「該喝杯馬丁尼了，酒精是緩解焦慮的良方。」最後，他這樣寫道。

不過，借酒澆愁不是好主意。

於是，我們又約了個時間吃飯，在一家泰國餐廳時，他聊了自己的近況。大部分時間他一下班就回家，而且被困住的感覺依然存在，儘管生活中有種種幸運的事，他還是對自己感到失望和憤怒。瞭解幸福曲線雖然或多或少安撫了他的騎象人（他的意識），但他的「大象」依然困惑、害怕，也依然在尋找。即使知道再過幾年他的生活就會改善，他的想法也會改變，但這對他來說是無用的安慰。

卡爾想知道的是，現在他可以做什麼事來加以改善？

停止才是谷底，繼續就是上坡

在回答這個問題前，我們先來看看約書亞·科曼（Joshua Coleman）的故事。

就像許多六十歲出頭的人一樣，科曼已經走過了U形曲線的谷底，現在可以過來人的角度分享自己的經驗。

「現在情況逆轉了。」他指的是四十幾歲時的不滿狀況。「現在我已經可以平靜看待自己不喜歡的事，然後把注意力放在自己正在做的事情上。」科曼很有資格分享他的體悟，因為他是一位執業的心理學家，在舊金山看診。他問診的人中，平均每週就會有一至兩個人正經歷中年困境，他所說的並不是中年危機，而是我自己在四十多歲時也經歷過的不滿，是由失望所累積起來的不滿，而不是臨床上所說的憂鬱症或焦慮症。科曼說他沒碰過因為中年時期的不滿和下坡狀況而導致真正的憂鬱案例。

「很多人到了四十多歲時，就已經獲得他們想要的大多數東西。」科曼告訴我，「接著就會浮現一個重要的問題：那現在呢？人生就這樣了嗎？四十多歲時我們還有很多精力可以創業或成立家庭，但那些事通常我們在此時已經完成了，所以我們便把精力用在跟人比較上。作為治療師，我經常看到人們在人際關係上和自己的狀況上和別人一較高下。不過，到了六、七十歲時，他們就會接受現實。」

我們來回想一下「享樂跑步機」：我們期望成功、成就和地位能帶來滿足感，但似乎這種滿足感離我們越來越遠，因為我們比較的對象也一直在提升，總是有人會以快到我們追不上的速度前進。在這個年齡階段，我們還沒準備好要放棄年輕時的競爭驅力，也尚未到達老年時注重群體利益的年紀和心態。

那麼我們應該做什麼才好呢？答案是：什麼都要做。所有對你有好處的行為和態度，到了你中年陷入情緒陷阱時依然有幫助。這就是為何當你在網路上搜尋中年危機時，出現的建議方法似乎都是老生常談。

下面是我在威爾醫學博士（Andrew Well, M. D.）的網站（drweil.com）找到一些度過「中年轉換」的典型建議：

- 探索並接受你的感受。
- 定期反思自己的生活。
- 在伴侶或配偶身上多投入些時間，讓你們的關係再次「升溫」。
- 設立新的目標。
- 發現新的愛好。
- 旅遊。
- 當志工。

- 設定專門和孩子相處的時間。
- 關照自己的心理健康，例如加入某個群體，必要時也可以找心理治療師。
- 運動，有助於你保持健康，這是維持活躍與獨立的生活所必需的。
- 獨立的生活形態。

威爾博士的建議很好，但都是通用的「雞湯」類的東西。同樣地，在另一個名為 AgCareers.com 的網站上，所刊出關於中年轉換的建議也是平淡無奇：

- 找到你的優勢和興趣。
- 切記，工作不能讓你成為一個快樂的人。
- 為你想要的生活方式制定財務計畫。
- 設定切實可行的職業目標。
- 挖掘並拓展你的職業生涯。
- 為了事業的成功，做一個終身學習者。

走出中年困境的六大自助法

綜合大量的自助資料做出摘要來幫助人們度過中年期，是一項艱鉅的工作，我不會這麼做。相反地，我會縮小範圍，把跟一些心理學家（例如：科曼）訪談的內容，還有許多採訪對象的訪問內容，以及我自己處在幸福曲線底部的實際經歷，將我所聽到、看到，以及經歷過的種種方法，整理成有用的建議。

這些方法似乎特別適合用在度過中年困境，雖然沒有一種是萬靈丹，但都有堅實的科學基礎，也有成功的案例，有助於我們擊敗試圖困住我們的負面回饋循環。

一——正常化：你的負面情緒一點也不奇怪

正常化是一個治療術語，幫助人們體認到自己的情緒並不奇怪，也非病態，所以不需要擔憂。

心理學家表示，中年人因為自己的不滿情緒而接受諮商時，心理學家會強調他們是正常的。「我做了很多正常化的步驟，幫助他們認識這並不是性格缺陷，也不代表他們天生或後天出了問題。」科曼告訴我，「從生命的進展來看，這是正常的、意料中會發生的事；而且根據研究顯示，這種情況是有時間性的。」

想到卡爾用「可怕」這個形容詞來描述他在四十多歲時的沮喪，他想知道自己是不是瘋了。再想想前面提到的賽門，在四十多歲時開始懷疑自己是否曾經感到滿足，或者是否有能力再度知足，他也擔心自己是否有嚴重的心理問題。對於這種莫名的不滿，既沒有藥物也沒有任何療法可以解決嗎？當年我陷入低谷時，我也曾改變對自己的看法，並自我質疑：這個不知感恩、不知足、自我貶低的傢伙是新的自我嗎？這是我現在的新人格嗎？

心理學家說正常化有多方面的功用，例如，它可以協助人們體認到中年的不滿是正常的，藉此減少羞恥感和孤獨感。心理學家兼東田納西州立大學諮詢中心主任丹・瓊斯（Dan L. Jones）就一直強調，中年時期的困境是個過渡階段，而不是危機，儘管過程令人不太愉快。

正常化除了可以去除中年困境的病態標籤外，還可以打破中年困境不斷自我膨脹的惡性循環。我們已經對自身感到不滿和失望了，一旦仔細去分析自己的感受時，發現找不到任何理由可以合理解釋自己的情緒，於是就對自己的失望和不滿感到愧疚。這種負面循環會讓我們把情緒獨立於生活環境之外單獨看待，但是這樣的客觀對我們並沒有好處，越客觀看待自身的情緒，我們就會越覺得自己不知感恩。

我們可以嘗試做以下的事來加強感恩的心，例如列舉自己的幸運之處，提醒自己生活中美好的事，或者寫封感謝信，這些都是很好的建議，因為感恩是一種具有療癒作用的美德。

不過，列舉自己的好運有可能弄巧成拙，這就像是在提醒自己先天條件是多麼優秀，會讓感恩之心顯得有點惺惺作態或是有點誇耀。科曼告訴我：「我常會聽到人們向我抱歉說他們的問題是『第一世界的問題[1]』，但是這種看法只會增加他們的不快樂。」

以我的情況來說，細數自己的好運雖然會暫時提高生活滿意度，但也增加了我認為自己不懂感激的困惑和煩惱，所得到的任何好處到頭來都會自我抵銷掉，因為這樣做在無形中也提高了自我的期望值。

史瓦登認為解決方式中應該包含期待值管理，藉由讓人們理解到過於樂觀的期待是

1 譯注：first world problems，指微不足道的挫折或瑣碎的煩心事，和開發中國家所面臨的嚴重問題形成鮮明對比。

正常的，而因過於樂觀對結果感到失望也是自然的。換句話說，就是「別期望太高」。事實上，如果你在年輕時並未過度樂觀，那麼你可能會憂鬱。當不合理的不滿足情緒被視為是正常現象時，也就不是什麼性格缺陷或病態，它是一種非常正常的狀態調整。所以，你可以感到不滿，但不應該對自己的不滿有愧疚感。

如果人們知道所有人的生活滿意度都呈現U形曲線，而且大多數的期待和結果都有落差時，那麼他們對生活的不滿將會大大降低。史瓦登認為，正常化會有雙重影響：第一，如果告訴人們隧道的盡頭有一盞燈，光是這點就很有幫助了。第二，如果人們知道這是個正常的發展階段，或許將有助於打破負面回饋循環，而且痛苦也會比較少。

大約在五十歲時，我不滿的狀況開始消散，這種改變似乎是自然來到，而不是我刻意為之。不過，我相信我知道了有幸福曲線這件事的存在之後，確實幫助我緩解了這個痛苦的過程，它幫助我理解之前看似奇怪、應該要被責備的消沉其實是正常的現象。我寫這本書的目的，就是盡量讓更多人知道幸福曲線這個概念，而且它是正常的，在某方面來說也是對人生有益的，反而抵抗它，結果會適得其反。

所以，如果列舉你的好運不會讓你感到失望，那麼就去做吧！在幸福曲線底部的人難有感恩之情，就放自己一馬吧！

二——停止內心的自我批判

正如我之前所提過的，在四十多歲時，我被心中的批判聲音所包圍，這些聲音責備我浪費生命，成就太少，跟同齡人比起來落後太多。

「造成痛苦最重要的原因之一就是社會比較。地位焦慮是自我折磨的組成要素之一：我的成就夠好嗎？我是個魯蛇，還是人生勝利組？」科曼說。

就像我們所見，在幸福這件事上，不管我們先天的條件多優秀，追求更高的地位總是會功敗垂成。這就是為何經濟學家理查・拉亞提出下面的建議，雖然我在第二章引述過，但是這個很重要，值得再說一遍：想要獲得幸福的祕訣之一，就是不要跟比你成功的人比較，而是要跟不如你的人比較，記得總是要向下比較而非向上比。

這說起來容易做到難。人類的天性是想得到更多，因此就會不斷往前比、向上看，特別是在年輕時，向上比較會讓我們雄心萬丈，使我們訂出令人興奮的計畫，也給我們樂觀的精神，想像未來的成就和滿足。二十年後，我們年輕時的雄心壯志和樂觀開始產生不良的影響，因為我們一直在追求成就，這時意識到自己已經沒有時間去實現了。

對我來說，尤其令我不安的是，我向上比較的衝動有時會失控，背棄自己的價值觀，例如我會非常羨慕那些成功的電視記者或小說家，但是我從沒有特別想從事電視節目製作或者寫小說。

對我來說，可能對其他人來說也是如此，最糟糕的向上比較是跟自己比較，或者更精準地說，是和一個理想化、遙不可及的自己比較。為何我不夠努力？為何我最近的文章沒有幾個月前寫得好？為何我昨天沒有對情人說出適當的話？我們每天都會犯這類的錯誤，所以我從不缺自我批判的理由。當然在某種程度上，自我批判是健康的，但是在我四十幾歲時，自我批判嚴重影響了我的人生。幸好我找到緩解方式。

我自創了一套簡單有效的認知療法，來緩解我的內在自我批判。每當我又開始要跟別人攀比時，我會有意識地打斷它，並把這個想法轉換成一些有建設性的東西，像是：「我今天不一定要完美」、「不要比較（誰誰比我成功多了）」、「我如果再跟誰比較那就是浪費生命。」當我的思緒開始飄向生活中所有的錯誤清單時，我會對自己說上面那些話，然後馬上停止。這個舉動幫我中斷了那些嚴厲的內在自我批判，它很容易就變成半自動化地出現，而非真的有什麼療效。而且這樣做有兩個優點：打破負面思考的漩渦，以及讓自己覺得理性思考可以發揮一點作用。

我的這個認知干預法可能對你沒效，你可以嘗試找到對自己有用的中斷法，當你找到時，你會對它的效果感到訝異。

三——活在當下

幸福曲線的谷底是個時間陷阱。生活滿意度在過去那幾年沒有達到期望，未來的幾年內似乎也只會下降。對過去的失望和對未來的悲觀扼殺了當下的滿足感。

「正念」指的是不做批判地關注當下，而不是不斷地預測未來或重新評估過去。拉姆．達斯（Ram Dass）在其一九七一年的暢銷書《活在當下》（*Be Here Now*）中說明了這個概念。

冥想是一種古老且廣被運用於通向正念的途徑，透過將注意力集中在具體直接的事物上，比如呼吸，試圖控制遊走的思緒和內心的雜音。這幾十年來，科學家對冥想做了許多科學驗證，結果證明冥想的確可以減少焦慮，增加正面情緒。現在許多企業，甚至軍隊都在採用這種方法。

冥想的目的在於改變自動思考，從而馴服內心的「大象」。心理學家強納森．海德曾寫道：「持續幾個月每天進行冥想，會明顯減少恐懼、負面和偏執思考，並改善情緒問題。瑜伽、太極拳和其他關注在當下的訓練，也都有同樣的效果。

以我的例子來說，在我情緒最低落時，我並沒有嘗試冥想或瑜伽，我會做些運動，或者在黑暗的房間裡聽音樂，在嘗試多次多種方法後，我發明了一種對我自己有效的認知行為療法，就是我前面所說的中斷法。當我的思緒偏離了當下，糾結於過去或未來時，我會試著讓飄蕩遊走的思緒中斷，帶回到當下，此時此地。例如，當我跟情人在床上時，我會把注意力放在伴侶的呼吸上。在我的採訪中，有些人會採用冥想、心靈相關的APP，或心智鍛鍊來培養正念，這些方法的幫助雖然溫和但卻有效。

根據科曼的說法，正念可以幫助杏仁核平靜下來，杏仁核是我們大腦中產生焦慮和恐懼的地方。正念有助於我們接受和掌控困擾的感覺和無法解決的狀況。

他指出：「我們不能老想著要克服問題，很多時候，我們需要培養平靜、接納和寬容的態度。」正念能幫助我們克服對不滿的情緒執著不放，並中斷負面回饋循環。所以……活在當下吧！

四——與人分享你的困難

對現代人來說，在艱困時期單獨行動不是個好主意，因為人類是高度社會化的物種。當我們面對像罹患癌症或失業這類的衝擊時，我們本能會去尋求幫助與支持，而且通常只會跟最親近的人分享。

中年回饋陷阱對我們最有害的特徵是，它使我們的社交本能和自己作對，我們的不幸不是因為自身的客觀環境所造成，這會讓我們感覺是不是因為自己的性格有缺陷才導致如此，所以我們為自己的不幸福感到羞愧，並把這個感覺隱藏起來。「我們會認為如果沒達到自己原本能夠達到的目標，那麼一定是自己先天有瑕疵。」科曼說，「羞恥感通常會導致人的退縮和封閉。」

尤有甚者，對地位不滿足的狀態，在幸福曲線的波動上具有決定性的影響。在現代生活中，沒有什麼比讓自己看起來脆弱或失敗更能貶低自己的地位了。科曼認為，對於處於中年不滿足的人來說，把自己的弱點或不滿足暴露給他人知道，代表地位的下降。承認自己正在接受治療則更糟糕，這會讓人更焦慮。

卡爾回憶說，他沒有和妻子討論過自己的不滿足，因為他害怕說了之後事情會更糟，他只對兩個好友說過這件事（其中一人是我）。還有我的另一位受訪者，四十多歲的斯特林，他在告訴太太自己感到莫名的不滿後，他太太顯現出驚慌失措的樣子，他便不再告訴他太太自己的狀況了。

我曾問過安東尼（第四章提過他）他對多少人說過自己的這種狀況，他回答我，他不會跟任何人談，不過他猜他太太可能知道狀況，只是他們從沒有討論過。另外，在上一章提到的大衛，當他處在幸福曲線底部時，正管理一家新創公司，他認為自己不能讓人看出自己的不穩定和沮喪。

心理學家說，女性要比男性更願意表現出脆弱的一面，也願意跟人分享中年時期的不滿與困頓。若是如此，那麼現今越來越多女性加入原本屬於男性的競爭領域，這意味著這些女性比男性更願意分享的差距有可能也會跟著縮小。

陷在中年困境裡可不是小問題，避免孤立雖然不是什麼萬靈丹，但對穩定情緒和避免犯錯很有幫助。向外求援時可以尋求專業的諮商和治療，不要等到生病或出現功能性障礙時才去做。東田納西大學心理學家丹．瓊斯告訴我：「給自己找個心理諮商專家就像去上一堂關於自己的課程，會讓自己更容易自我察覺，也能感受到有人在傾聽自己。」

普通的友誼，也就是所謂的「與社會保持連結」，同樣也有一些益處。

四十三歲的泰瑞認為他跟朋友聊天訴說心事，挽救了他的婚姻和生活。他說：「快四十歲時，我有了第二個兒子，我突然察覺到自己成為酷男的日子已經結束了。四十歲，有兩個孩子，需要養家活口，自由自在的日子消失了，取而代之的是換尿布和當個父親，雖然我喜歡這樣，但是這種轉變太突然了，結果是我對存在產生了焦慮。我們沒有買敞篷車，而是買了一堆衣服，雖然這樣不算過分，但每個認識我的人都拿這件事取笑我。我的外在生活很穩定，但內心卻很掙扎，其實，這種掙扎現在或多或少還在繼續著，雖然已經有些減弱了。我心裡想：天啊，我未來的人生就這樣了嗎？」

之後，他開始和太太一起上教堂，用他的話說就是，那裡有一群友善的兄弟。在過去，他是不可能和不愛運動的人交朋友的，因為他覺得彼此會沒有共同話題。但事實證明並非如此，他在那裡交到不少親近的男性好友，不少人也跟他一樣處在相同的人生階段。

朋友幫他減輕了孤獨感，更重要的是，他們關心他的幸福，也是值得信賴的朋友。「我知道自己的個性很莽撞，很有可能會做些破壞婚姻的事，由於我必須在精神上和情感上不能辜負這些關心我的人，因此這也阻止了我去做破壞婚姻的傻事。我和我的好友們都會告知彼此生活中發生了哪些事，所以如果我做了什麼糟糕的事，我就必須告訴他們，但是我實在不希望得跟他們說『我跟老婆吵架了，現在睡在假日酒店裡。』這類的壞消息。」

在與人隔絕的孤獨情境中，失望和不滿的情緒會發酵、腐敗，然後導致羞愧，這會使人更不願意跟人交往。所以打破這個惡性循環的第一步是，拿起電話來，打給朋友，或者利用社交媒體開始跟朋友聯繫。

五——走過去，但不要跳過去

幸福曲線的谷底會讓你感覺像個陷阱，它把客觀的成就變成主觀的失望。透過減少樂觀情緒，它把我們過去的希望變成對未來的悲觀；透過破壞感恩之心，把我們原本的好運變成羞愧的來源；因為覺得丟臉和困惑，讓我們在最需要跟人分享時隱藏自己的想法。

當我們感覺自己被困住了，自然就會產生想要逃離的反應：逃離工作、家庭，過著完全不同的生活。當初我有辭職的衝動時，我常會想：「就是今天，我現在就要辭職！」而讓情況變得更加複雜的是，我的職業倦怠越來越嚴重。

我在四十幾歲時做了一個深思熟慮的決定——我開始存錢。話說，我的職業——新聞業，當時正處於遽變中，我的許多同行都是在新聞業不景氣的情況下被裁員，我認為遲早會輪到我，事實上最後也影響到我。我的「騎象人」考慮了所有的選項後，決定還是先留在原地建立資源，並想想未來可以做什麼。現在想來，幸好當初沒有做出任何衝動不理智的決定，因此後來在我失去工作時，我已經想好了創業的點子，而且我的銀行裡也還有足夠的存款，讓我不至於感到恐慌。

當然，如果只是遭遇人生的霧霾而非颶風的人，也就是陷入持續的不滿而不是全面危機的人，比較不可能尋求專業的協助。上述所言之人，大多只是處於幸福曲線的底部，通常是生活滿意度下降，而非崩潰，所以並非緊急的情況。對於不是處在很嚴峻狀況之下的案例，我認為最好的建議，也是專家們共同認為最好的建議就是：改變是好事，但要持續進行。

「讓我擺脫這一切吧！」把一切都丟掉確實很誘人，但現實狀況是，如果能把累積的技能、經驗、人脈帶到新的地方，而不是從零開始，那麼改變的破壞性會比較小，也比較可能成功。

特拉維夫大學的心理學家卡羅·史川格（Carlo Strenger）和阿里·陸騰伯格（Arie Ruttenberg），在二〇〇八年的〈哈佛商業評論雜誌〉上發表的文章指出，那種認為只要夠努力就能成為任何人、達成任何事的想法會造成自我挫敗。

> 我們看到那些從令人振奮的演講和工作坊回來的人，充滿信心，相信生活將永遠改變，但情況總是這樣：「魔法」持續了幾天或幾週後，絕大多數的參與者會開始懷疑，

當初為何認為這些鼓舞人心的話會改變他們的人生？他們感到困惑，不知道該朝哪個方向前進，所以他們放棄了改變的努力。因此，本來是要鼓勵人們勇於改變的指引，反而扼殺了改變。

相反地，我們應該橫向地、漸進地、有建設性地、符合邏輯地前進，這樣會減少因為衝動所犯的錯誤，且可將我們在U形曲線下降的趨勢，保持在可控制的範圍內，減少因「歸因謬誤[2]」所付出的代價。

強納森．海德指出，當我們在朝著目標取得進步時，內在的獎勵機制會立即給我們短暫的滿足感，當真正的目標實現時也會帶來短暫的快樂，但這很快就成為新的立基點，催促我們繼續前進，這時我們會覺得自己需要跳躍一大步。但是可實現的一小步不僅更容易做到，也會帶來更多的滿足感。

「可以讓我們因為達成目標而感覺很好的改變不一定要很大，」心理學家蘇珊．克勞斯．懷特伯恩（Susan Krauss Whitbourne）曾如此寫道：「它可能只讓你的日常生活改變一點點，讓你試著用不同的視角觀察這個世界；它也可能需要較長的時間。但是如果你的思維靈活點，那麼即使是很小的改變也能帶來創新的變革。」

在幸福曲線谷底轉彎處避免做出巨大改變或冒極大的風險並不是我要說的重點，我的重點是，在此做出改變和所需承擔的風險應該要整合評估，而非只有破壞。我們在做生活調整時，必須考慮過去的經驗累積，和在現實上符合你的價值觀、義務和機會。這就是我所說的整合性評估，整合性的改變所產生的效益可以非常大。

六——等待

事情會變好的。這是我們都知道的智慧名言，但卻也最難實踐。

在現實生活中，雖然我們所採取的措施可以減輕不滿，但不太可能消除，甚至我不確定消除不滿是不是個好主意。無論幸福曲線的谷底讓人多麼不愉快，但這似乎是一個健康的社會和個人所必須經歷的過渡階段。如果真有一種藥可以讓這個不愉快消失，那麼我們可能會發現之後的生活是多麼的貧乏。

也許，正如美國詩人羅伯．福斯特（Robert Frost）所說，最好的出路就是挺過去。對大多數人來說，中年時的下坡狀況是個煩惱，但並不是傷痛，尤其是當你意識到

2 譯注：人們在評估他人的行為時，即使有充分的證據支持，但仍傾向於高估內部或個人因素的影響，而非外在情境因素。

它是普遍存在而不是災難時，它就結束了。

大多數的人是可以等待的，如果有這個必要的話，因為等待對多數人來說是有好處的。

在當今所有事物都快速變化的世界裡，建議人們以耐心、循序漸進、堅持來解決一個急迫的問題，似乎是違反潮流和直覺的事。

我們喜歡把時間看作是我們的僕人，可以讓我們利用和填滿，而不是把時間視為我們的主人，讓它以我們無法控制和理解的方式來塑造我們。在這個前提下，等待是很難被接受的建議。不過，想到幸福曲線的特殊性和其特有的回饋陷阱，其實等待並不是一種被動的策略。

等待並不是什麼都不做，而是一種與時間合作的策略，讓時間為我們工作。耐心或許不是適用所有人的唯一答案，但肯定是一部分的答案。此外，等待是我在四十幾歲時所做的主要事情，在我所使用的所有方法中，事後證明等待是最有效的。

我們再回想湯瑪斯·柯爾所描繪的中年航行者。他失去了舵柄、失去了槳，帶給他慰藉的守護天使卻在他視線以外盤旋，不饒人的時間沙漏則一直在眼前。他的雙手交握著，憂慮地望著天堂祈禱著，把他的命運交給更高的力量。對柯爾來說，這更高的力量就是上帝。不過，對於這個藝術之意象，我們也有世俗的解釋：在生命的航程中，我們是比自身更強大力量的玩物，我們受限於這無法控制的激流，所以放棄控制吧，信任這條河流，信任時間。

所以重點就在於耐心。如果你不是一個人等待，那麼問題會簡單多了。

第九章

幫助他人，你真的具有影響力

自助是很有用也很重要的事。但我前面所提供的建議其實還不夠，還有專注地做好每件事，好好地運動、飲食、補充維他命、看勵志書、聽勵志的話語，但這樣也還是不夠。

我為寫這本書所做的研究越多，越發現到自助雖屬必要，但還不完整，某些方面也失焦。因為中年困境的問題很大程度上並不是我們自身的問題。我朋友卡爾和許多跟他一樣的人，被社會要求獨自做太多事情，他們需要社交管道，以及對卡在中年谷底的人友善的環境，他們需要的是幫他們度過這個階段的機構和社會常態準則，而不是忽略幸福曲線谷底現象和嘲笑幸福曲線的社會態度。他們需要瞭解自己正經歷的是正常的狀況，而不是自己出了什麼問題。他們需要來自「岸上」的幫助。

為什麼中年男子愛買紅色跑車？

蓋瑞是第一個讓我注意到幸福曲線的人。他和卡爾一樣，是我在工作上認識進而成為好友。當我一開始思考幸福曲線及如何撰寫關於這個主題的時候，蓋瑞跟我一起腦力激盪。我採訪他時，他正當五十歲出頭，給自己的生活滿意度打了六分，比幾年前的五分只高了一點而已。

「你跟誰討論過你中年不滿的問題了？」我問他。

「我沒跟任何人討論過，我把這些事藏在心底。我喜歡處於成功的泡泡中，不想讓別人知道我的脆弱和軟弱。即使我有這些所謂的中年困境問題，但是我跟其他朋友比起來更有成就、更成功，生活也過得比他們好。」他自認為是個成功而堅強的人，既不想也覺得不應抱怨。

我問他是否對他太太有信心。他回答：「多多少少，但是在專業方面則不那麼有信心。她在事業的成就上沒有我強。」

此外，和多數人一樣，他覺得中年危機和憂鬱的模式並不適用在他身上。像他的姊夫就經歷過一場典型的中年危機，在中年時跟老婆離婚，和年輕女子在一起，還買了重機。「我是把中年危機跟某種發洩的行為聯想在一起。如果我也把心中的幻想以實際行動表現出來，可能生活會更有趣，不過，我沒有這樣做。」他說，「我想我並沒有憂鬱問題或任何心理方面的問題。」

其實，我聽蓋瑞說他自己的事，和我在其他受訪者那裡聽到的很類似：他們呈現不安、困惑、羞愧、沉默的狀態，且認為制式化的標籤並不適用在他們身上。當我對幸福曲線瞭解得越多，越覺得蓋瑞說的某些話很重要。他說：「我希望人生中能有一個比我年長、有智慧的人，可以像導師一樣指引我。並且能有個安全的空間，還有個我可以傾訴的人，如果真能這樣，不是很好嗎？」一個可以自在表現脆弱的安全空間，在那裡，不用保守祕密，也不需覺得丟臉，還有一位人生導師。這些正是蓋瑞所需要的，但也是他無法靠自己做到的。

蓋瑞被兩種主要的中年不滿社會模式所困住。一種是醫學方面的，他需要去看醫生開些抗憂鬱的藥。但是患有精神方面的疾病多少會受人歧視，所以即使是重度憂鬱症患者也會抗拒醫學方面的治療。

幸福曲線的底部雖然歷時比較長，卻也很淺層，多數人不會有強烈的憂鬱感受。他們感受到的是長期的不滿：他們對自身的價值和生活都不滿意，他們的成就和自我實現也不同步，但這些都不是醫學問題，所以他們拒絕接受醫療方面的協助是有其道理的。

蓋瑞的事業成功，也是一位好丈夫好爸爸。他的問題不是他失敗或做得不好，但即使如此，也不能讓他覺得安慰，這就是所謂的「回饋陷阱」。面對這種情況，有的人需要吃藥，但大部分的人只需要感受到其實自己是正常人，知道他們並沒有令自己和他人失望，並得到適當的支持協助，就能安然度過這段時期。

蓋瑞所經歷的另一個社會模式就是「被嘲笑」，這比有病接受治療更讓人難堪。中年危機無罪，但卻成為無數笑話的材料。只要在網路上搜尋「中年危機」的相關圖片，很多都是紅色跑車，而且是敞篷車。典型的照片就是一個頭髮稀疏的中年男士在高速公路上開著紅色敞篷車，下面配的圖說則是：「你有中年危機了嗎？」還有另一張類似的照片，搭配的文字是：「年輕辣妹喜歡跑車和肝斑。」還有一本跑車的廣告宣傳手冊則稱他們的車子是「中年危機車」。顯然跑車已經成為唯物主義和自我放縱的標準象徵，並且也是中年不滿足的發洩出口。

在諷刺中年危機的照片中，中年男子騎重機的畫面也很經典，還有年輕女子圍繞著中年男人的畫面也是。這些都還算是比較含蓄的，比較過分的是，在照片上配上這樣的圖說：「中年危機始於禿頭，結束於失去常識。」

中年女性也未能倖免，只是她們被諷刺的次數不如中年男性那麼多。我就曾經看過一張卡通畫，畫中的女人做出孟克的名畫〈吶喊〉中的動作，以表達自己看到鏡中穿不下衣服的自己時的驚嚇。

在瀏覽關於中年危機的書籍時，我發現有本書的附錄收錄了關於中年危機的笑話，如果你打算跟人討論關於中年危機，相信這些笑話對你會有幫助。

沒有人會想要成為他人的笑料，也沒有人會願意發出自己快要進入第二個青春期，或即將崩潰的警訊，所以跟別人聊自己的問題是有風險的，但是蓋瑞願意嘗試。我問他結果如何，他說：「好壞各半，我向一些人敞開心懷，有的人表現得很好，有的人卻在背後議論我。壞的部分對我影響比較大。」

很少有人會故意殘忍對待處於中年不滿足的人。只是這個社會對於這個問題，除了醫學治療和嘲笑之外，就沒有別的應對方式了，恰巧，同性戀者在社會上也面臨相同的處境，公開談論同性戀相關的話題也會讓你受到嘲笑，被套上刻板印象，被歸類為有反社會人格或心理疾病。

當然，我這樣說並不是暗示像蓋瑞那樣中年不滿足的人，所面臨的歧視和偏見會跟同性戀者一樣嚴重。不過，兩者所面對的社會偏見確實有諸多方面的類似。由於缺乏把同性戀視為正常的社會環境，很多同性戀者往往會把社會的偏見內化為是自己有問題。自我貶抑助長了羞恥感和壓力，從而導致孤僻，加劇了羞恥感和壓力，這樣的惡性循環就形成了所謂「在櫃子裡」的形容詞出現。這並不是同性戀者的錯，而是整個社會的誤解所導致。

中年，是人生的第二次青春期

讓我們想像一個沒有青春期、沒有青少年的世界，也就是沒有所謂「青春期」這個概念的世界。當年輕人過了身體發育期進入成年期時，社會就認為他們已經做好進入社會工作的準備——去就業，而不是上高中或大學繼續讀書。他們的能力和社會技巧都還不夠純熟，也會把青春期的情緒帶入職場，然而他們的能力和社會成熟度已足夠應付屬於農業和手工藝方面的工作，然後他們就會早早結婚生子。

雖然這樣的世界現在看起來很怪，但是一百五十年前的美國就是這樣。我們的祖先知道從青春期到完全成熟期的過渡階段，常是充滿混亂和不安的。古希臘歷史學家希羅多德（Herodotus）曾說過一個關於蘇美人父親對自己的兒子傲慢和冷漠的行為舉止感到痛心的故事，這是在西元前一千七百年左右的事，而亞里斯多德則將年輕早期（大約青春期到二十一歲左右），和嬰兒期（出生到七歲）以及少年期（七歲到青春期）這兩個時期做了區分，他的區分方式和現代人非常接近。

不過直到近代，我們才發現在童年和成年之前應該還有一個過渡時期。在此之前，學校是讓兒童就讀的，進入青春期的青少年則直接進入社會工作。在馬克吐溫的《頑童歷險記》中，沒有人對一個十三、十四歲的小孩必須自己謀生感到大驚小怪，若在今日，書中的哈克早就被送到兒童保護中心了。

十九世紀下半葉，城市化、工業化和義務教育的普及改變了青年期的模式。專業化和工業技術的發展，提高了對工作技術及成熟度的要求，社會開始禁止雇用童工，要求兒童必須上學，這延長了年輕人上學的時間。後來中學開始出現，社會希望青少年能待在教室裡而非工廠，城市也開始蓬勃發展。在前工業時代，青少年住在農場和小鎮裡，周圍少有同齡青少年，但是城市化導致了青少年族群興起，他們住在一起，一起上課，一起參加社交活動。此時青少年變成一個群體的身分，一種專屬於青少年的氣質和認同應運而生，眾所周知的青少年文化於焉誕生。

在一九〇四年，確立了青春期為社會中一種群體的分類，這是個非常大的轉捩點。史坦利．霍爾（G. Stanley Hall）是美國首位獲得心理學專業學位的人，他出版了一本關於心理學的著作，書名就叫做《青春期》（*Adolescence*）。霍爾認為處於青春期的人在心理上和其他階段的人都截然不同，他們充滿了矛盾和極端的情緒。比青春期這個理論更重要的是，他讓「青春期」這個詞變得耳熟能詳，在此之前，這只是一個年齡的階段，幾乎沒有人知道「青春期」這個詞，但從霍爾開始，青春期不但是流行語彙，也是根深蒂固的概念，我們已經無法想像沒有這個詞彙該怎麼辦了。

在一個青春期被公認為事實的世界裡，青少年並沒有直接進入成年期，而是讓各種機構和社會準則引導他們從童年過渡到完全成熟的階段。屬於青少年的機構，包括中學、學院、社區學院、實習、暑期打工、學徒制、軍隊、諮詢、協助熱線、專業的心理學家、獨立的青少年司法系統等。更重要的是，青春期的叛逆與難搞，會被視為是過渡階段正常的現象。雖然有些青少年的情緒問題需要治療，但大多數的青少年更需要的是指引與支持性的社會環境，以及事先為他們鋪好的道路，例如上學、工作、約會等，引領他們漸漸過渡到成年。大致上來說，我們會鼓勵青少年在感到困惑或情緒混亂時對外求助，而他們也真的會求援，且不會因此受到嘲笑。

就像青春期一樣，中年時的重新啟動，只是一個普通且可預測的發展路徑。跟青春期一樣，中年時期會感到不滿足是完全正常的狀態，有些人可以輕鬆度過，有些人會過得比較辛苦；就像青春期一樣，也有很多人會幫助處在中年困境的人，即使他們自己也能克服困境，但是經由他人的協助會收穫更大；就像青春期一樣，在中年期孤立、困惑、自我挫敗的思維模式，會使困惑和混亂加劇；就像青春期一樣，中年時期也是一個充滿風險和壓力的時期，處理不當就可能導致危機；就像青春期一樣，中年期也是個過渡期，對於那些在這個階段遇到困難的人來說，這段時期的困境將會引導他們走向一個更快樂、更穩定的人生階段。

簡而言之，雖然幸福曲線的谷底階段，和青春期在生理、情緒及社會模式上完全不同，但它們都是極富挑戰性的獨特過渡階段，是正常、普遍、可預測而非病態的階段。但是，青春期有社會支持的整體環境，而中年困境卻只有……紅色跑車。

我在第四章探討了為何時間是個「絕對」的概念，而衰老是個「相對」的概念，我們究竟位在幸福曲線上的哪個點，通常是由時間和衰老程度共同決定的。時鐘和生物學能夠幫助我們解釋很多生理和心理的狀態，而社會和文化能夠解釋在某個年齡我們會有的諸多情緒和期望。有時候時間和衰老不會同步，例如十九世紀的青少年狀況就是一例。不過，當社會增加了「青春期」這個類別時，這個問題獲得瞭解決。此時，另一種時間與年齡不同步的狀況正在產生。

所幸，一些像馬克·費德門（Marc Freedman）這樣聰明的人正在發明一個新的類別。

創造高年級生的價值

有一年的夏天，我採訪了費德門，他告訴我：「我認為新的人生階段即將在我們面前展開。」

快六十歲的費德門在舊金山工作，他是非營利組織「熟齡生活促進組織安可」（Encore.org）的創辦人兼執行長，他說這個組織就是實踐蘿拉．卡斯登森的觀點。卡斯登森在研究後發現，人們在年齡漸長的同時，快樂、滿足會隨之增加，對世界也會有更積極正面的看法。

費德門認為他的工作就是開發和示範各種方法，使過時的老齡化模式和現代社會能更加契合。具有耶魯大學商管碩士學位的他，對教育和導師所能發揮的力量產生興趣。他注意到，小孩在成長過程中若有導師的指引會變得更優秀，這讓他開始幫老年人尋找擔任導師相關的工作，進而創立了 Experience Corps. 非營利組織。

這個組織的成員都超過五十五歲，他們協助市區的小學生如何閱讀。因為這樣的經驗，促使費德門思考社會老齡化的傳統模式。多年來，這種模式通常分為兩個階段，那就是童年時接受教育，以及成年後工作。如果人們變老會因殘疾不能工作，他們可能也會變窮而活不了太長的時間。在二十世紀三〇年代，當社會福利制度開始實行時，幾乎沒人能活到可以領社會福利金。但長壽革命的發展速度比所有人預期的還快，到了二十世紀五〇年代，數以百萬計的人發現自己屬於一種新的社會族群——退休族群。退休就是不工作了，人看起來無所事事。

為了給老年人創造一個比退休還有吸引力的階段，社會發展出一個新的類別，費德門稱之為「黃金年」（Golden Years），他往下深入研究後發現，這個「黃金年」最早可以追溯到一九六〇年，亞利桑那州一位名叫戴爾・韋伯（Del Webb）的人，他在鳳凰城郊區開發了一個叫「太陽城」（Sun City）的養老社區。韋伯和行銷人員提出退休應該是放長假的概念，是休閒娛樂的時間。後來韋伯的競爭對手也開發了一個名為「休閒世界」（Leisure World）的養老社區，就把重點放在強調休閒娛樂。因為老年人在社會上都不受歡迎，以至於開發商想出了這樣的點子，建立一個都是老年人居住的社區。「黃金年」的想法非常受歡迎，當太陽城展示了前六套的樣品屋時，前來看房的人大排長龍。

然而，人的壽命不斷延長，成年人後期的健康與活力也持續獲得改善，如今我們看到的六十、七十歲不再是死亡的序幕。大多數人在這個歲數都還是認知敏銳、經驗豐富，而處在這個歲數的人往往也都會想要回饋家庭、社區和社會。

同時，能夠持續三十年的職業生涯和穩定的中年生活越來越難。二〇〇八至二〇一三年，在美國每四個五十多歲的人中，就有一個人失業，六十到六十四歲的人則有百分之二十的失業率。在中年時期，很多人因為經濟上的原因被迫重新開始或重建職業生涯。很多人選擇重新追求新的目標或更有意義的生活方式。明尼蘇達大學著名的社會學家菲力斯・莫恩（Phyllis Moen）對我說：「過去，人們認為一切似乎都是既定不變的，比如高中或大學畢業後開始工作，或者進入一個職業領域後就此度過餘生。現在，這些都被顛覆了，退休也被顛覆了，老年被延後了。你可能得了慢性病，但並不會覺得自己老了。這開啟了一切可能性，就像有第二次機會一樣。」

這個「第二次機會」到目前為止還沒有被正式命名，但它有各式的名稱，例如：第四幕、成年第二期、中途、中間期、第二成年期、第三紀、第三章、年輕的老年等。如果有人夠資格為這個階段命名，那可能就非莫恩莫屬了。他在二〇〇六年出版的同名書裡，將這個階段稱為「成年安可曲」（encore adulthood）。

不管這個階段最後被怎麼命名，它們本質上說的是同樣的東西，那就是一個不適用現有類別的生命階段，是介於中年與老年之間的一個新階段。已經有為數龐大的人口進入這個階段，我們卻還未充分開發出這個階段的種種可能性。

費德門引用了 Encore.org 的研究調查數據，資料顯示，大約百分之九的五十到七十歲的美國人，已經開始了他所謂的「職業安可曲」：重新組合激情、目標、薪水（非必需但最好要有）。隨著中年及中年以上的人開始尋求更有意義、更有利於社會的使命，可以肯定的是，志工的工作會是他們的選項。但也有人會選擇承擔商業上的風險，進入新的職業生涯。與刻板印象相反的是，中年人可以是狂熱的創業者。依雲·馬瑞恩·考夫曼基金會（Ewing Marion Kauffman Foundation）的數據顯示，從一九九六至二〇一五年期間裡，五十五至六十四歲的人創業率和較年輕的人相比，不相上下或者更高。根據安可組織的調查，大約有兩千萬名五十到七十歲的美國人想開始職場上的第二春，這兩千萬的人力資源和社會資源都可以被運用在教育、健康和老人等領域中。

嬰兒潮的一代代表著人類社會改變的船首波[1]。現在，美國有超過三分之一的人口年齡在五十歲以上。其中不工作的人越來越少，越來越多人加入勞動行列，取代了人們覺得退休的人就是打高爾夫球，或者到處遊山玩水，以及當志工、照料家人、上長青大學之類的老套看法。「退休但仍在工作」，這在之前還是很矛盾的說法，但現在已經是一些美國人在自我介紹時會說的話了。這些仍然在工作的人分別是：超過半數的六十五至七十四歲的人，以及六分之一的五十七至六十四歲的人。

從媒體的報導看來，中年的再次出擊和全新開始的概念，聽起來很吸引人，但事實上，這個風潮並不會太快到來。在現實生活中，想要跳出累積四十幾年的積習是非常困難的事。「我到底想要什麼？」「誰需要我？」「我該如何重新改造生活，才能使自己既能履行責任又能實現夢想？」「我有哪些選擇？如何對這些選擇進行分類？」「哪些想法是可行的？哪些又是白日夢？」「如果失敗了，有什麼退路嗎？」

這些林林總總的問題困擾著想要重新啟動的人。他們需要護欄才能安全地改變航向，需要一些機構和輔導計畫的協助，以及成功的榜樣給予參考的範例。而且他們也需要願意雇用只做兼職、責任不大的工作，並能將多年技巧經驗運用於新企業的高齡員工的老闆。他們需要大學的教育資源和財務方面的支援，以適應中年生活的改變；他們需要足夠的退休金和401k計畫[2]以應付「退休但仍在工作」的狀態；他們需要為尋找

1 編注：bow wave，首波是船舶在水中移動時，在船首處形成的波浪。衝擊波會向外擴散，大的船首波會使船速減慢，對較小的船是危險的，並且在港口中會損壞岸上設施和停泊的船。因此通常會將船體設計為產生盡可能小的船首波。

2 編注：美國於一九八一年創立的退休福利計畫，是延後課稅的退休金帳戶計畫。因為將相關規定明訂在國稅法第401k條中，故簡稱為401k計畫。

新工作和機會的老年人準備職業諮商、面試大會、實習和間隔年[3]。他們需要社會允許他們嘗試和犯錯，就像青少年一樣。當然，如果他們在五十五歲從事間隔年工作或實習，社會應該理解為這是合宜且自然的事，而不是他們因為在追逐失去的青春而作怪。

我問馬克．費德門：「現在社會和文化基礎設施對中年改造是否準備好了？」

「沒有，」他斬釘截鐵地說，「這是一個必須ＤＩＹ的項目。」

二〇一一年費德門在他的書《大轉變》（*The Big Shift*）中提出，我們應該要討論「中年代溝」而不是「中年危機」，一個中年時所需要的實質支持和這個社會給予的微薄支持之間的差距代溝。

費德門在書裡這麼寫：「可以介入的空間沒有那麼多，混亂、困惑、過時的規範和制度，以及各種誤解等等，還有許多令人不安的特質構成了這個不斷擴大的鴻溝，包括個人認同的缺乏，制度和政策的斷片不連貫，以及大眾對社會發生的事物缺乏廣泛的理解。在我們父輩那一代，過了中年期可能就直接進入退休狀態，如果遭到推遲無法如期進入有保障的安全港灣，就會多受幾年的苦。如今他們基本上是獨自一人處在未知的水域，面對一些根本性的問題，諸如：接下來該怎麼辦，以及如何面對一個對中年期毫無準備的社會。」

費德門和其他為中年安可曲做規劃的人，想到了一個類似「個人目的帳戶」（Individual Purpose Accounts）的創新點子，這個點子主要是幫助人們為將來的間隔年及成年教育存錢。還有，他們也想到可以允許人們提早領用社會福利年金，作為回到學校上課或實習時的開銷。各種點子的可能性很多，但是到目前為止都沒有實現。教育制度、養老金，和退休制度都固著在三階段模式上——受教育是前端，一次性完成；養老金和醫療保險在後端，一次性發放。而還在工作的人處在中間，則要為這兩個階段買單。隨著幸福曲線的下降，家庭責任和經濟負擔也達到了頂點，中年人的壓力巨大也就不足為奇了。

互助團體力量大

然而，社會的變革正要到來，事實上也已經發生了。「很多領域做了調整性的改

3 編注：Gap Year，在已開發國家非常流行，是西方國家的青年在升學或者畢業之後、工作之前，做一次長期的旅行，在步入社會之前體驗與既往不同的生活方式。期間，學生離開自己的國家旅行，或做一些與自己專業相關的工作，又或非政府組織的志願者工作。

變。」費德門說。這種調整的改變是零散的、即興的、從下而上的，而不是從上而下。漸漸地，雇主們適應了嬰兒潮一代的工作重點，這些人希望重新安排自己的工作職責，而非將所有經驗與技術拋諸腦後。

二〇〇六年，《老年醫學家》（*The Gerontologist*）雜誌發表了一項最新的研究，菲力斯．莫恩、艾里克．考喬拉（Erik Kojola）和凱特．雪佛斯（Kate Schaefers）共同對明尼阿波利斯地區的二十三家新創組織進行深度採訪，其中包括民間公司、政府機構和非營利事業組織。這些組織在顛覆現有依照年齡劃分的職場規範上，正在嘗試新的做法，例如，提供靈活的工作時間給那些希望慢慢退休而不是一次性退休的員工，並為他們制訂階段性的退休計畫；雇用老年員工和重新雇用退休人員；還有同時提供培訓和發展計畫給老年員工及年輕員工。

夏克社區、公民團體、社會企業家也在創造新的模式。費德門舉了一個例子，「安可」網站就是其中之一。

另一個例子是二〇〇〇年自發形成的組織——「轉型網路計畫」（Transition Network）。夏綠蒂．法蘭克（Charlotte Frank）和克莉斯汀．米倫（Christine Millen）兩人是住在紐約的好朋友，也是婦女運動的沙場老將，她們離開了工作崗位，但還不想退休，在聊天時發現彼此都不想過著退休後的無聊生活。蘇珊．柯林斯（Susan Collins）告訴我她們的故事。

我見到柯林斯時，她六十歲出頭，是「轉型網路」的執行董事。這個組織最初只是一些小型的當地社群，現在已經發展成一個在十三個城市擁有兩千兩百名會員和若干分會的非營利組織。

就非營利組織來說，它的規模很小，但是已經足夠表達她們的理念。中年或中年以上的女性每年只要支付一百美元的會費，就可以加入由正處於中年改造階段，或過了這個階段的人所組成的小組。「當你遇到境遇相同的人，就會覺得自己並不孤單。」柯林斯說。

雖然這個組織也會提供工作坊、研討會和交流的機會，但其主要核心還是所謂的「轉型期同儕團體」（transition peer groups）的模式。每個月有八至十二位女性聚在一起討論事先選好的話題，例如如何與成年女性相處、如何應對僵硬的身體、什麼事能帶來滿足感，以及如何寬恕等。聚會不是團體治療或諮商，「我們的目的不是為瞭解決你的心理問題。」柯林斯說，「它是同齡人之間討論關於自己是誰、可能達成的目標，以及如何自我實現的交流聚會，就像讀書會，只不過被閱讀和討論的是會員們的生活，而任務則是為下一階段做好準備。」

在一個夏末早晨，我參加了轉型網路在費城舉辦的聚會，除了我之外，共有八名女性參加，她們大多六十歲左右，只有一位超過八十歲。她們圍坐在一間公寓客廳，桌上有茶點。主持人今天選擇的話題是如何處理「包袱」——生活中多餘的雜物和情感上的負擔。她問大家：「當你放下沉重的負擔時，這意味著什麼？又會給你帶來什麼樣的感覺？」

坐在我右手邊的是一位叫格雷琴的女士，她說自己很難捨棄一些東西，例如已故先生珍藏的領帶。坐在格雷琴另一邊的女士名叫海蒂，則提到自己完全不一樣，她覺得自己不依戀物質的東西，丟東西對她而言非常簡單，讓她感到掙扎的反而是對情感的依戀，以及退休之後「排山倒海而來的自由」，讓她很難應付。她先生已經計畫好未來三年的活動和旅行，但是她對這些沒有興趣，她發現自己對要投入時間和精力的事物越來越挑剔，「我很清楚剩下的時間很有限。」

時間成了大家熱烈討論的話題。「我以前常常跟朋友一起活動，但現在我寧願一個人也不想跟她們一起，我會選擇把時間花在其他方面。」法蘭西斯說。黛比對此表示贊同道：「我也發現自己現在不會跟那些讓我覺得沮喪的人在一起了，這對我來說是個挑戰，以前我總是做別人認為該做的事，如果有人打電話來說要聚聚，我是不會拒絕的。」

還有其他人也說，雖然她們變得越來越挑剔，但壓力卻減輕了。「我發現自己不需要把時間排得滿滿的。我可以有自己的空間、自己的時間，我發現事情做得越少，感覺會越好。沒必要把空白都填滿，這應該是隨著年紀增長的一種智慧。」坐在我另一邊的愛麗絲這麼說。

「我不知道接下來會發生什麼事，但我不在乎。因為我已經做了所有我想做的事，其他發生的事都算是額外收穫。」格雷琴插話說。

伊麗莎白的觀點則和大家不一樣。她已經八十多歲了，她說時間並不如大家說的那麼短。「聽起來你們都覺得六十五歲已經很老了，因為周圍的人都告訴你六十五歲很老了，等到幾年後，你會意識到六十五歲其實還很年輕。」她說。

接著她們繼續討論，並提出實用的建議，例如從事志工的人，可以幫有囤積癖的人清理東西。這不是一個以議題為主、目標導向的討論團體，「我們的目的，是成為對重建生活有共同興趣的群組中的一員。」柯林斯說。

「轉型網路」之所以有趣、讓人有成就感的原因之一，就是這完全是根植於民間的組織，除了理事長柯林斯和幾個職員外，其他人都是志工，會費也很便宜。這個組織的分會，主要是當地居民自發成立的，彼此互助的模式，完全借鑒了十九世紀法國人亞歷西斯．德．托克維爾[4]的書籍，他也因記錄了美國人如何擅長創立志工組織和協會而聞名於世。

目前世界上尚未發展出大型的志工相關組織，但是有個早期的原型，那就是「美國退休人員協會」（American Association of Retired Persons，簡稱AARP），這是目前全球最大的志工組織之一，也是美國最強大的其中一個遊說組織。它在老年人感興趣的議題上具有影響力，在華盛頓特區也較有名氣。然而近年來它面臨的挑戰是建立與嬰兒潮一代的聯繫。嬰兒潮一代的人拒絕成年後期的休閒模式，像「美國退休人員協會」或「現代成熟期」這樣的名稱也無法引起他們的興趣。因此，二〇一二年該協會推出了「生活新概念」（Life Reimagined）的計畫。

這個計畫的靈感來自美國生活教練理查．雷德（Richard Leider）和記者艾倫．韋伯（Alan M. Webber）的同名書籍。他們強調在面臨中年的轉換期時，不是可以單靠自己就能完成，孤獨是致命的。做出改變從來就不是簡單的事，特別是在中年時期更是危險和令人恐懼、不安，不僅對我們自己來說是這樣，對我們身邊的人，包括家人、朋友、同事來說也是如此。「生活新概念」提供了一個起點。「它為處於人生過渡期的人準備了個人的導航系統。」美國退休人員協會的約翰・威爾森（John F. Wilson）這麼跟我說。

「生活新概念」與轉型網路不同，它不是面對面的社群，而是提供線上服務和資訊，像是電子書、小測驗、冥想指南，生活規劃練習和工作手冊，以及關於大腦健康、人際關係，和尋找意義等主題的網路課程。此外，他們還推出一個實驗性質的線上平台，允許用戶購買線上生活指導服務，價格低於市價非常多。美國退休人員協會的安妮・瑪莉・吉爾加隆（Anne Marie Kilgallon）告訴我，這個項目還在嘗試改進中，因為協會仍努力瞭解中年消費族群的需求。協會始終致力於中年過渡階段的支持行動，希望人們把「生活新概念」當成好朋友，有問題都可以打電話諮詢。「我們的目標是幫助所有超過五十歲的人，而不是只針對我們的會員。」她說。

符合幸福曲線實際狀況的教育支援應該是怎樣的呢？我們可以從早期的例子中尋找

4 譯注：Alexis de Tocqueville，法國思想家、政治學家、歷史學家、政治家、外交家。

靈感。二〇一〇年時，史丹佛大學醫學院的院長菲利普·皮佐（Philip Pizzo）即將卸任，他也面臨了過渡問題，他開始思考高等教育應該如何幫助成年人重新思考自己的人生。

「我和全世界成千上百個人談過，我非常訝異有那麼多人在四十多歲和五十多歲時感到沮喪和失望，比我預期的超出許多。因此我的問題變成『人們應該要做什麼？』『如何調整自己？』『如何做到這一點？』」他說。於是他開始規劃一些類似大學的學習計畫，讓中年人可以互相學習、互相支持。「他們可以利用高等教育來做自己在人生早期時做過的事，重新探索、重新思考、重新與人接觸，並規劃人生的下一個階段。曾經發生在青少年時期的事，很可能在中年時又再發生一次。」

二〇一五年一月，在皮佐的領導下，史丹佛大學的「傑出職業生涯學院」（Distinguished Careers Institute）誕生了。他們從擁有數十年生活經驗、渴望重新出發的申請者中，選出二十四名研究員參加這次的計畫。他們會在一年的時間裡參加大學課程，聆聽著名演講，分享自己的願望、計畫和執行方式。皮佐說：「他們都處於人生的過渡期，通常沒有可以傾訴的對象。」研究員都是在社會上有高成就的人，不願讓人看到他們的脆弱。但是皮佐說，到了第二週或第三週，通常研究員就會開始分享自己從未告訴他人的故事。

皮佐經常和社區學院及大學討論如何建立他們自己版本的計畫，以幫助那些希望重啟人生的人。例如，波特蘭社區學院和佩斯大學等大學院校已經提供了「人生安可曲」相關的課程。

我問皮佐，他的計畫是否有現成的模式可循？他說沒有。在幾乎沒有先例的情況下，傑出職業生涯學院、人生新概念、轉型網路等開創性的努力，往往規模小且不穩定。不過，不少之前的參考原型案例仍然能帶給我們很多啟發。所以我探索了一個新的原型：如果打破中年的桎梏，創造一個對幸福曲線友善的環境，那樣的職場會是如何呢？

職場輔導計畫打造友善中年的工作環境

在一個美好春日，我去拜訪一家位於芝加哥市區的廣告代理商，他們讓我感到非常驚豔。

我和李奧貝納廣告公司的業務企劃丹妮爾，坐在他們辦公大樓的會議室裡，她在這家公司已經工作十多年，該公司是世界上最大的廣告公司之一，客戶有可口可樂、家樂氏、通用汽車等，對於案子和最後期限的要求都很嚴格，甚至可以說是無情。這對身為妻子和兩個孩子的媽的丹妮爾來說，是壓力很大的工作，她的小孩已經有一個正處於青春期。

丹妮爾大概在四十四歲時開始對自己的工作感到莫名的不滿。「我覺得自己缺乏靈感，不知自己最終希望達到的目標是什麼。是升職嗎？還是製作出一則很棒的電視廣告？但無論是什麼，這些對我來說已經都沒有什麼意義了。」她說。

廣告業不是一種能帶來很高生活滿意度的職業。如果一個人在他的職業生涯中都是在設計三十秒的廣告，而不在乎是否有任何意義和目的，那麼這個人就很有問題。（很巧的是，凱文・史貝西在電影〈美國心玫瑰情〉中，就是飾演一個沮喪的中年廣告業務企劃。）

丹妮爾回憶道，某天她遇到一位公司主管，對方建議她可以參加公司內部的輔導計畫，這個計畫可以有效提高領導力和發現盲點。在同一時間，她一個擔任企劃的朋友也推薦這個計畫。於是丹妮爾寄給輔導教練一封電子郵件，郵件主旨就寫著：「邁向希望」。

現在很多公司都會提供相關的輔導，特別是針對管理階層。輔導本來被視為是補救措施，但現今在商界已被視為是能協助高潛力員工充分發揮能力的方式。李奧貝納廣告公司也是如此。我在二〇一五年拜訪這家公司時，它擁有數十名在職教練，不只為主管，也為數百名員工提供指導。

現今很多公司都跟李奧貝納一樣，宣稱員工是最重要的資產。李奧貝納美國地區首席人才官瑞妮塔．麥卡恩（Renetta McCann）說：「對我們公司來說，員工是我們唯一的資產，我們的廣告、創意與消費者的接觸，這些都需要仰賴我們的員工，我們生產商品的材料就是員工。如果現在有兩千名員工離職，換了另一批新的員工，我們的產品一定就會大大不同。」

麥卡恩自己也經歷過幸福曲線。她在職業生涯早期，是一家公司的全球首席執行長。五十二歲時她精疲力盡，選擇退休回到學校讀書，獲得了碩士學位，然後以全新的角色回到職場，現在從事人事相關的工作。她在這個轉換的過程中，找到了一些問題的答案。

她說：「在這段期間我做的其中一件事，就是認真審視自己的價值觀。我發現自己有兩套價值標準，一套存在我的內心，另一套則在我的大腦裡。一個是感恩，另一個則是好奇。」她幾乎都是靠自己度過轉換期的。「這是一場內在爭鬥，我不知道人們是否能看出我在掙扎，如果有人問過我相關的問題，那我可能會更快走出幸福曲線谷底，我可能會有不同於現在的幸福曲線。」

在職業倦怠很普遍且代價高昂的廣告業中，在價值觀問題還沒造成傷害前先提出來且勇於面對是有幫助的。麥卡恩說：「我的假設是，阻止你度過幸福曲線谷底的原因，會讓你的價值觀問題更加突顯，因此我們鼓勵員工將價值觀和生活調整到一致。」

接受輔導並不意味著你是破碎的、需要被修復，相反地，你會被認為是健康的、完整的，需要教練幫你更清楚自己的價值。教練的輔導不同於教導或諮詢，因為教練的工作並不是給予建議或專業知識，而是把被輔導者當作盟友。他們所受的訓練是專心聆聽，留心事物，並提出我們是誰、我們想要什麼，以及如何達到目標這些核心問題。

「許多的輔導是為了幫助我們把自己的想法表達出來，這樣我們便可提出清楚、有力而基本的問題。」「成就輔導」（Accomplishment Coaching）的創辦人克里斯多福・麥歐立弗（Christopher McAuliffe）說。和大部分的心理治療不同的是，輔導是向前看，而不是往後回顧，重點是確定和實現人生目標，而不是診斷和解決感情問題。

不過，在某些方面，輔導確實有點類似心理治療。輔導的談話需嚴格保密，通常時間需要一小時，剛開始可能每週一次，慢慢地，變成每隔幾週一次。此外，生活輔導不只是關於職涯，對於那些工作穩定的專業人士亦有需要輔導。正如教練所提醒的，職業和人是交織在一起，兩者不可分離。

在李奧貝納廣告公司，輔導的入門表格一開頭是這樣寫的：「教練把你的身體、情感、精神和智力當作整體對待，在輔導過程中，我們會專注在你是誰，你在做什麼。我們會積極設計出對你最好的方式。」接著表格會有以下的問題：「你最重要的五種價值觀是什麼？如果你有時間和資源，你會做什麼？要如何得知你覺得自己被困住了？」

李奧貝納公司顛覆了人們制式的想法，他們不認為與價值觀有關的事是隱私而不能告訴別人，特別是在職場上。輔導如今已經成了公司的一部分，因為大家都知道，也就沒必要刻意避開。

從一個人的力量，到一群人的力量

隨著越來越多人和機構開始理解中年的過度期是怎麼回事，中年人所獲得的社會支持也就開始變多。

到目前為止，我在本書中所提到的原型和新創的機構，都是社會正在慢慢改變的小部分，像李奧貝納廣告公司、史丹佛大學和美國退休人員協會的協助計畫，以及轉型網路公司這類正在興起的組織。我們可以看到新的支持基礎架構已經在運作，讓人們可以輕鬆一點度過這段難熬的時光。

然而，就像「青春期」這個詞被創造出來，以及社會對青少年的支持……等這些事，耗費了幾代人的努力。同樣地，創建成年期第二次高峰和中年的新常態，同樣也需要很長的時間。

又如同性戀現在已經不再被視為不正常，之所以會如此，大部分是因為同性戀者的親朋好友、雇主和同事越來越瞭解狀況，也越來越支持他們，而不是嘲笑或勸他們去接受治療。人們接受並關心他們之後，事情就會開始轉變。

事實上，就在我寫到本章時，我收到一封陌生人的電郵，是一個叫德瑞克的加拿大人寄來的，內容如下：

首先，我非常感謝你撰寫關於幸福曲線的文章。我是一個離異多年的四十五歲男子，有個十幾歲的小孩，在外人看來，我的生活應該是美好的，我的事業順利，其他事情也都不錯。

但是我自己卻不覺得好，我正處於人生最艱難的階段，不知為何，越來越擔心自己的心理健康。

非常感謝你的見解、文章和所做的事。很高興認識你，你正在做的事，對人類有很大的影響。

瞭解「幸福曲線是正常的」這件事，對一個正處於幸福曲線底部的人是很有幫助的。如果他的鄰居、朋友、家人、同事也明白這點，並集結力量予以支持，更會有莫大的助益。正如上一章所提到的泰瑞，他證明了「一群人」的互相支持幫忙，可以防止翻船沉沒。

我們每個人都可以成為某個人的「一群人」之一。大規模的社會改革需要大型機構的行動，但是小規模的變革，只需每個人為生活中的他人創造一個安全的空間就可以完成。摒棄關於中年危機的陳腔濫調，多傾聽、多給予同情，並分享我們的故事給更多人知道，這樣每個人都可以幫助身邊的人度過中年谷底，讓他人不再孤軍奮戰。

當我寫這本書快接近尾聲時，收到卡爾的來信。他在信裡提到社會常態和與人的連結，對於處在中年谷底的人會帶來多大的影響，這方面他表達得比我好太多了。因此我把他寫的信的內容拿來當作本書的結尾。本書以卡爾的故事作為開頭，現在也以他來作為結尾是再合適不過了。

一開始他說自己現在狀況好多了。他寫道：

> 首先，知道我不是唯一這樣的人、自己並不孤單，知道中年不滿是人生的一部分，就像青春期一樣，這對我來說是巨大的解脫。我們不應該因為自己在青少年時的笨拙和青春痘而憎恨自己，同樣地，我們也不該因為自己在中年時的迷茫而責備自己。
>
> 另一方面，我瞭解事業上的成功並不會帶來幸福，雖然這點我還不是百分之百同意。但是經歷中年的下坡衰退，我知道仍有許多成就比我好太多的人還困在享樂跑步機上，這是我需要自我警惕的。是的，我會更努力，雖然我喜歡各種挑戰，但是我已經不會像以前一樣投入那麼多心力在其中，事業上的成就並不會讓我快樂。
>
> 也就是說，我已經開始在其他地方尋找快樂，並減少事業在我人生中所占的分量。我從減少查看與工作有關的郵件次數，並且關掉許多讓我手機響不停的通知等這些小事開始改變。我試著專注於當下，不管身在何處我都心懷感激，這算是有一點智慧吧？
>
> 此外，我在這個秋天，花更多時間跟家人相處，並多跟朋友聯絡，同時培養純粹為

了自我成長和興趣的戶外休閒活動，不再因為想讓人印象深刻而去做某些事。同時我也在從事這些活動時，認識了和我一樣具有熱情的同好。

最後我要說的是，現在有研究證據顯示，中年以後的低潮在未來將會向上翻轉變好，這讓我非常興奮，中年之後再出發的第二次機會也讓我很期待，我想我可以在未來找到自認為值得的事情去做。

如果問我，我還需要來自岸上的協助嗎？當然，因為我處在U形曲線的谷底。但是我已經不再感到迷茫，這對我來說是一大解脫。

後記

在一九九〇年東京一個溫暖的夏夜，我和唐納德．李奇（Donald Richie）一起走在麻布十番的街道上，他是日本電影方面的國際級專家，也是一位頗有成就的散文和小說作家。我找他是因為當年三十歲的我，知道自己想從生活中得到什麼：那就是寫出一部像李奇的《內海》（*The Inland Sea*）一樣好的作品。

二十世紀六〇年代，李奇在日本的瀨戶內海群島進行了一系列的航行。瀨戶內海是一片狹長、像海峽一樣的海，將日本的主要陸地分為三大塊。如今海上的島嶼和村莊越來越現代化，也因此變得乏味無聊。但是在二十世紀的六〇年代，它們仍然很封閉，也保留著日本的歷史和傳統價值觀。

「這些島嶼非常美麗，它們之所以美麗的部分原因是這些美麗正在消失。」李奇在書中寫道。「我想走進人性最深處，因此來到這個靜止而封閉的地方，這裡的人比其他地方的人生活得更好，因為他們依照自己的本性生活。」李奇記錄了他與牧師、漁民、痲瘋病患、學童、老人、官員和酒吧女的相遇，然後將這些故事寫下來，創作出一部傑出、對人性深刻洞察的散文作品。

這本書出版於一九七一年，很快便成為經典之作。當時李奇四十多歲。同時，李奇也記錄日本從二戰後的復甦，他成為這方面的元老專家，和很多藝術家交朋友，並寫小說、報紙專欄、在世界各地演講等。他獲獎無數，所以和這位非常成功的人士在日本街頭漫步，聽他提起自身的中年危機時，令我非常震驚。

「我中年危機開始於四十多歲的時候，我審視自己的生活，心想，我的人生就這樣了嗎？」他說。「然後在過了十年之後，中年危機結束了，我再次審視自己的生活，心裡想著，其實這樣也很好。」

感恩是非常重要也非常健康的態度，研究指出，感恩能增加樂觀的精神，提升幸福感，增進身體健康並減少看醫生的次數，還有改善睡眠品質。給影響自己甚深的人寫封感謝信，會讓自己感覺更好，並在工作和生活中都表現得更優異。如果感恩是一種藥，那麼每個醫生都應該開給病人。

感恩也是一種美德。世上的各種宗教都告訴它們的信眾，應該要為他們得到的恩典感謝神（甚至也會為不幸表達感謝）。自古以來，哲學家就把感恩放在倫理的基礎上。

「感恩不僅是最大的美德，而且是所有美德之母。」羅馬哲學家西塞羅如此說。

感恩也是不可或缺的。人類之所以為萬物之靈，就在於我們有能力知道誰幫助我們，並回報這些幫助。我們獨特的社會組織和感恩能力使我們能夠和全世界的人合作，這是其他動物所無法比擬的。沒有了感恩，人類將是惡劣、野蠻和短暫的。

當我處在幸福曲線谷底時，最困擾我的就是習慣性地不知感恩。我知道我該感恩，也努力想要感恩，所以如果你問我有沒有感恩之心，我會說我當然心存感恩，但是卻感受不到。我內心的「批評者」總是在吵我、批評我和我的生活，它們不會因為有好事或恩典或我挨了罵而就此不再評判。如果我頓悟了，或有了新目標，抑或找到突破性的療法，那我的故事將會有更好的版本。但是我沒有。我沒有辭職，沒有欺騙我的伴侶，沒有陷入憂鬱，更沒有買紅色跑車。我選擇了A計畫，也就是撐過去。像大多數在幸福曲線底部的人一樣，我下定決心繼續前進，但事後看來，如果我當時知道自己處在幸福曲線底部的什麼位置，對我會是很大的解脫，但當時我並不知道。不過，我確實記得李奇的話，那些話對我也很有幫助。因為，如果像他這麼厲害的人都會覺得迷茫，然後在恢復後心懷感恩，那麼我也做得到。

結果證明他是對的。我在五十歲出頭的時候，內心的批判聲音逐漸消失了，一開始我並沒有特別覺得有什麼不一樣，只是在某個時間點，我發現自己好像不常留意批判的聲音，慢慢地，我醒來時都聽不到批判聲音了。然後，我發覺自己每天都對自己所做的事感到滿意，而非後悔什麼事沒做，或為可能永遠都不會做的事而自責。就像研究報告所預測的那樣，我的注意力更容易被積極的事所吸引，用蘿拉·卡斯登森富有感染力的話說就是，我似乎「越來越習慣於生活的甜蜜而非苦澀。」

我不確定自己是否變得更有智慧了，我並沒有表現出一副幸福模樣（我也不想那樣），但我相信我的人生暗流已經轉向。

如果要我說一句話來形容幸福曲線的優點，我會說：它讓人變得更容易感恩。這是幸福曲線隱藏版的禮物。

它值得我們等待。

致謝

為了寫這本書，我請教了十幾個人，他們的頭銜都讓人印象深刻，有學者、心理諮商師、生活教練、廣告公司主管、社會企業家、新創事業的創業者，以及各行各業的專家，他們都無私地回答我的問題，慷慨地提供他們的所學所知和寶貴的時間。我由衷感謝這些信任我、願意把他們的故事告訴我的受訪者。

從科學角度來說，幸福曲線是一個統計結果，它代表了數以百萬計的數據交集，每個數據點都是一個人的傳記。

我在寫這本書時，曾經疑惑是否可以找到足夠的人分享他們的人生經歷，事實證明，有這麼多人願意坦誠分享自己的人生歷程，讓我覺得自己好像有某種神奇的魔法。我無法把所有的故事都寫進這本書裡，但每個人的故事都很有自己的獨到見解和參考經驗。

在此，我要再次感謝每位受訪者。

CF00452

大人的幸福學：
蓄積能量，找回由谷底反彈的快樂，走出上揚的幸福曲線

作者—強納森．勞赫
譯者—汪春沂
主編—郭香君
責任企劃—張瑋之
封面、內頁設計—Bianco Tsai
內頁排版—新鑫電腦排版工作室

編輯總監—蘇清霖
董事長—趙政岷
出版者—時報文化出版企業股份有限公司
108019台北市和平西路三段二四〇號四樓
發行專線—（〇二）二三〇六—六八四二
讀者服務專線—〇八〇〇—二三一—七〇五
（〇二）二三〇四—七一〇三
讀者服務傳真—（〇二）二三〇四—六八五八
郵撥—一九三四四七二四時報文化出版公司
信箱—10899臺北華江橋郵局第九九信箱
時報悅讀網—http://www.readingtimes.com.tw
綠活線臉書—https://www.facebook.com/readingtimesgreenlife
法律顧問—理律法律事務所 陳長文律師、李念祖律師
印刷—勁達印刷有限公司
初版一刷—二〇二二年六月十七日
初版二刷—二〇二二年七月十三日
定價—新臺幣三八〇元

時報文化出版公司成立於一九七五年，
並於一九九九年股票上櫃公開發行，於二〇〇八年脫離中時集團非屬旺中，
以「尊重智慧與創意的文化事業」為信念。

大人的幸福學：蓄積能量，找回由谷底反彈的快樂，走出上揚的幸福曲線／強納森．勞赫(Jonathan Rauch) 作；汪春沂 譯. -- 初版. -- 臺北市：時報文化出版企業股份有限公司, 2022.06
面； 公分.
譯自：The happiness curve : why life gets better after 50
ISBN 978-626-335-512-5（平裝）
1.CST: 成人心理學 2.CST: 幸福 3.CST: 生活指導
173.3 111007660

ISBN 978-626-335-512-5
Printed in Taiwan